Eberhard Hermes

Abiturwissen Deutsch

Deutsche Literatur

Band 1 – Anfänge bis 1914

Ernst Klett Verlag
Stuttgart Düsseldorf Leipzig

9 783129 296387

Bibliographische Information Der Deutschen Bibliothek
Die Deutsche Bibliothek verzeichnet diese Publikation in der Deutschen Nationalbibliographie; detaillierte bibliographische Daten sind im Internet über http://dnb.ddb.de abrufbar

Auflage 4. 3. 2. 1. | 2007 2006 2005 2004
Dieses Werk folgt der reformierten Rechtschreibung und Zeichensetzung. Ausnahmen bilden Texte, bei denen künstlerische, philologische oder lizenzrechtliche oder andere Gründe einer Ändung entgegen stehen. Die letzten Zahlen bezeichnen jeweils die Auflage und das Jahr des Druckes.

Internetadresse: http://www.klett-verlag.de
Umschlaggestaltung: Klett Marketing Design, Stuttgart
Satz: SMP Oehler, Remseck
Druck: Druckerei Wirtz, Speyer
Printed in Germany
ISBN 3-12-929638-7

Inhalt

Zu diesem Buch

Die deutsche Literatur weist im Lauf der Zeiten unterschiedliche Themen, Inhalte und Formen auf. Um diese Unterschiede auf den Begriff zu bringen, hat man Epochenbezeichnungen geprägt, die zwar äußerst umstritten, aber unentbehrlich sind, um die Vielfalt der literarischen Erscheinungen in eine gewisse Ordnung zu bringen.

Eine solche Ordnung wird gewöhnlich in Form einer Literaturgeschichte dargestellt, welche die literarischen Erscheinungen möglichst als ein erklärbares Kontinuum verstehen möchte. Doch wird in Schule und Studium mit der Literatur anders umgegangen. Dort nimmt die Arbeit stets von einem bestimmten literarischen Zeugnis ihren Ausgang, das aus seinen historischen Bedingungen heraus verstanden, mit gattungsmäßig oder motivisch verwandten Texten verglichen oder daraufhin befragt werden soll, wie sich die darin zum Ausdruck kommende Wirklichkeitserfahrung von der unseren unterscheidet. Zur Lösung solcher Aufgaben ist eine Darstellung von Besonderheiten einzelner Epochen geeigneter als eine Literaturgeschichte. Denn diese gerät allzu leicht in die Versuchung, die Epochen als Etappen auf dem Weg zu einem bestimmten Ziel zu interpretieren. Die Epochenkunde, die hier beabsichtigt ist, versucht dagegen, jede abgrenzbare literaturgeschichtliche Einheit aus ihren eigenen Voraussetzungen zu verstehen und für sich darzustellen.

Der Begriff der ‚Epoche' wird hier im Sinne des griechischen Wortes ‚*epoché*' gefasst, welches so viel wie „Anhalten (in der Zeit), Einschnitt" bedeutet. Im Hinblick auf die Literatur ist damit ein Zeitabschnitt gemeint, in dem sich sowohl realgeschichtlich deutliche Veränderungen bemerkbar machen wie auch entsprechende Bewusstseinswandlungen zu beobachten sind, welche ein neues literarisches Muster zur Folge haben.

So bemerkt man z. B. in der zweiten Hälfte des 18. Jahrhunderts eine Lockerung der traditionellen Ständestruktur und eine zunehmende Bedeutung bürgerlicher Schichten im Verein mit Frühformen der Industrialisierung. Dieser realgeschichtlichen Veränderung entsprechen im Bereich der Literatur eine neue Auffassung von der Autonomie der Kunst, das Selbstverständnis des Künstlers als „Originalgenie" sowie das Aufkommen neuer Gattungen, z. B. der Erlebnislyrik, in der sich ein unverwechselbares Ich ohne Rücksicht auf gesellschaftliche Verhaltenszwänge auszudrücken strebt. Die Zäsur, in der sich hier die Aufklärung selbst kritisch übersteigt, bezeichnet man gewöhnlich mit dem Epochenbegriff ‚Sturm und Drang'.

Dieser Band der Reihe ‚Abiturwissen Deutsch' bietet das Sachwissen über zehn der wichtigsten Epochen deutscher Literatur bis zum Ersten Weltkrieg in der Weise zum Wiederholen an, dass zugleich das Verfahrenswissen, das zur Interpretation eines Textes unter dem Gesichtspunkt epochenspezifischer Merkmale nötig ist, wiederholt werden kann. Deshalb beginnt jedes Kapitel mit der **Interpretation eines repräsentativen Textes**. Diese endet mit einem Überblick der ermittelten Epochenmerkmale. Dann erst wird in einem zweiten Abschnitt der **geschichtliche Bezugsrahmen** der literarischen Epoche dargestellt. An dritter Stelle ist von den bedeutenden **Autoren** die Rede, wobei biografische Daten nur so weit von Interesse sind, als sie die Epoche charakterisieren. Der vierte Abschnitt beschreibt jeweils die bedeutsamsten, auch heute noch geschätzten **Werke** dieser Autoren kurz nach Inhalt und Form und fügt stichwortartig Gesichtspunkte zur Interpretation bei. Jedes Kapitel endet mit einer **Zusammenfassung**, die fünf Teile hat:

- Grundgedanken und Thematik der Epoche
- Dominierende literarische Gattung
- Literarische Techniken und Formen
- Namen der führenden Autoren
- Auflistung der bedeutsamsten Werke

Da es nur auf die Eigenart der Epochen ankommen soll, werden Autoren, die nicht ‚epochenspezifisch' sind, sondern gewissermaßen ‚zwischen den Epochen' stehen (z. B. Hölderlin, Kleist, Mörike u. a.), nicht behandelt.

Zur Vermeidung von Missverständnissen sei darauf hingewiesen, dass das im ersten Abschnitt vorgestellte repräsentative Werk wie auch die im vierten Abschnitt besprochenen Werke nie ganz in ihrer Epoche aufgehen, sondern darüber hinausweisen. Darauf beruht ja ihre Bedeutung. Umgekehrt kann nicht jedes Werk alle Merkmale der Epoche zeigen. Bei den Jahreszahlen, mit denen die zeitliche Ausdehnung der Epochen angedeutet wird, handelt es sich natürlich nur um ungefähre Angaben.

Bei der Arbeit mit dem Buch ermöglichen nicht nur die Überblicke unter dem ersten und zweiten Abschnitt und die Kapitelzusammenfassungen, sondern auch die Stichworte der Auftaktseiten jedes Kapitels, fortlaufend gelesen, eine **Kurzwiederholung** des Gesamtstoffes, der in dem Band verarbeitet ist. **Hinweise für den Literaturvergleich** sind in den Querverweisen enthalten. Einzelne **Begriffe** und Angaben über einzelne **Autoren** oder **Werke** können auf dem Wege des Nachschlagens in den beiden Registern (Autoren und Werke, Stichwortverzeichnis) aufgefunden werden.

Zur Entstehung einer deutschen Literatur

1

Kaiser und Papst

Lehenswesen

Rittertum:

- Gottesdienst
- Herrendienst
- Minnedienst

Latein als Schriftsprache

Volkssprachen:

- Althochdeutsch
- Mittelhochdeutsch
- Neuhochdeutsch

Walther von der Vogelweide
Große Heidelberger Liederhandschrift (Codex Manesse) um 1310

Ich saz uf eime steine	Ich saß auf einem Stein
und dahte bein mit beine.	und hatte ein Bein über das andere geschlagen.
dar uf satzt ich den ellenbogen,	Darauf hatte ich den Ellenbogen gestützt
ich hete in mine hant gesmogen	und hatte das Kinn und eine Wange
daz kinne und ein min wange.	in meine Hand geschmiegt.
do dahte ich mir vil ange,	Da überlegte ich mir sehr genau,
wie man zer welte solte leben.	wie man auf der Welt leben sollte.

1

Begriff des ‚Mittelalters' von Humanisten geprägt

Die deutsche Literatur ist im Mittelalter entstanden. Mit dem Begriff ‚Mittelalter' (*medium aevum)* haben die Humanisten der italienischen Renaissance (14./15. Jh.) die Zeit zwischen dem Niedergang der antiken Welt und ihrer Gegenwart bezeichnet, die für sie den Aufgang der Neuzeit bedeutete. Weil sie nämlich die Kultur der Antike für vorbildlich hielten, erschien ihnen die lange Zeit bis zu deren ‚Wiedergeburt' *(Renaissance)* nur als ein Übergang. In dieser Übergangszeit hatte die deutsche Literatur den Charakter einer Zwischenwelt zwischen der lateinischen Schriftkultur, für deren Kontinuität die Kirche sorgte, und einer größtenteils verlorenen mündlichen Tradition, die wir nur aus späterer schriftlicher Aufzeichnung kennen. Ihre Zeugnisse sind dem fachlich ungeschulten Leser von heute zudem nur durch Übersetzungen zugänglich, weil sich eine deutsche Hochsprache, wie sie uns vertraut ist, erst im Laufe des Mittelalters herausbildete. Im Hinblick auf die Sprachgeschichte lassen sich drei Phasen unterscheiden:

Deutsche Literatur zwischen lateinischer Schriftkultur und mündlicher Tradition

Drei Phasen der Entwicklung der deutschen Sprache

- die **althochdeutsche** Zeit (etwa von 750 bis 1050),
- die **mittelhochdeutsche** Zeit (etwa von 1050 bis 1350) und
- die **neuhochdeutsche** Zeit (ab etwa 1350).

Kulturpolitik Karls des Großen

Die höfische Kultur

Am Anfang der ersten Phase, in der es kein literarisches Publikum gab, sondern kulturelle Tätigkeiten wie Lesen, Schreiben, Studieren, Diskutieren auf wenige Klöster beschränkt waren, die miteinander im Austausch standen, steht die Kulturpolitik Karls des Großen, der von 768 bis 814 regierte. Er ordnete die Ausbildung der Kleriker und ließ von ihnen aufzeichnen, was noch an althochdeutscher Dichtung in der Überlieferung lebendig war (z. B. das Hildebrandslied). Die zweite Periode ist durch die Entstehung einer literarischen Öffentlichkeit im Bereich der volkssprachlichen Dichtung gekennzeichnet. Diese hatte ihren Platz in einer Laienkultur, nicht mehr im Klerus. Sie wurde am Kaiser- oder Fürstenhof vorgetragen, nicht mehr im Kloster, und mündlich verbreitet. Die ‚höfische' Literatur umfasste epische und lyrische Gattungen. Im Heldenepos (z. B. Nibelungenlied, um 1200) und im höfischen Roman (z. B. Wolfram von Eschenbach, 1170–1220, ‚Parzival', Gottfried von Straßburg, um 1200, ‚Tristan und Isolde') fanden Abenteuer (âventiure) ritterlicher Menschen poetische Gestaltung, die Herrendienst (Heeresfolge), Gottesdienst (Hilfe für Schwache, Teilnahme am Kreuzzug) und Minnedienst (Verehrung der Frau, der die Taten gelten) leisteten. Im Minnesang wurde dieser Dienst als Bewährung von Tugenden wie gutem Benehmen (zuht), Selbstbeherrschung (mâze), Pflichttreue (triuwe) und Beständigkeit (staete) besungen. Die Spruchdichtung (z. B. Walther von der Vogelweide, etwa 1170/75 bis um 1230) sprach politische Fragen der Zeit (z. B. Streit zwischen Kaiser und Papst)

Epik und Lyrik

Herrendienst, Gottesdienst, Minnedienst

Investiturstreit

in kunstvoll gebauten Strophen an. Die dichterische Individualität trat ganz zurück. Dichtung erfüllte die Aufgabe festlicher Selbstdarstellung einer Elite.

Man interessiert sich nicht für die Person des Dichters

Die dritte, spätmittelalterliche Periode, in der sich das Neuhochdeutsche herausbildete, fand den Raum literarischer Wirksamkeit zunehmend in den Städten, welche in der Zeit der beginnenden Geldwirtschaft und des aufblühenden Handels an Bedeutung gewannen. Hier ging das Analphabetentum, das in der höfischen Kultur noch die Regel war, immer mehr zurück. Zwar bildete das literarische Publikum weiterhin nur eine Minderheit, doch konnten nun mehr Leute lesen und schreiben, sodass Literatur nicht mehr an einen geselligen Kreis gebunden war, sondern zum Interesse des Einzelnen werden konnte. In die Städte kamen nun die Prediger der im 13. Jahrhundert neu gegründeten Bettelorden (Franziskaner, Dominikaner), die sich in ihrer Sprache auf ihre Zuhörer einstellten. Schon vor Gutenbergs Erfindung erlaubte der Blockdruck die Verbreitung religiöser Erbauungsliteratur in Billigausgaben. Außerdem gab es in dieser Zeit zahlreiche Sammlungen von Schwänken und unterhaltsamen Geschichten auf Deutsch.

Wachsende Bedeutung der Städte

Entstehung eines Lesepublikums

Predigt und Erbauungsliteratur

Schwanksammlungen

Den entscheidenden Anstoß zur Entstehung einer gemeinsamen deutschen Literatursprache gab aber erst Martin Luther (1483–1546) mit seiner Bibelübersetzung und seinen reformatorischen Schriften, die weite Verbreitung fanden. Im kolonisierten deutschen Osten, wo die Fürsten und Herzöge Leute aus den verschiedensten Gegenden Deutschlands ansiedelten, hatte sich aus deren unterschiedlichen Mundarten eine gemeinsame Sprache herausgebildet, welche auf den Besonderheiten der süd- und mitteldeutschen Dialekte beruhte. Da dieses „gemeine Deutsch" im Ostteil Deutschlands als Amtssprache diente, bezeichnet man es als ‚sächsische Kanzleisprache'. Diese Sprache benutzte auch Luther; und so wurde sie aufgrund der beispiellosen Wirkung, die er über seine engere Heimat hinaus dadurch erzielte, dass er Grammatik und Lautstand dieser Amtssprache mit dem Wortschatz und Satzbau der Umgangssprache verschmolz, zur Grundlage einer gemeinsamen deutschen Literatursprache.

Luthers Rolle bei der Entstehung der deutschen Literatursprache

Das „gemeine Deutsch"

Luther verbindet Amts- und Umgangssprache

Doch gibt es im 16. Jahrhundert – wenn man von Luther absieht – keine bedeutende Literatur in dieser Sprache. Ja, es setzte nach Luther eine Verwilderung der deutschen Sprache ein. Deshalb beginnt der Barock, die erste literarische Bewegung, die sich als eine einheitliche Epoche deutscher Literatur erkennen lässt, mit Programmen zur Sprachpflege. Ohne deren Erfolg sind die darauf folgendenden Epochen der deutschen Literatur nicht denkbar.

Fehlen bedeutender Literatur sowie Sprachverwilderung um 1600

Sprachpflege im Barock

Zusammenfassung: Zur Entstehung einer deutschen Literatur

1. Mittelalterliche Literatur:

Zeit	Sprachstufe	Örtlichkeit	Träger der Literatur	Öffentliches Publikum	Gattungen/Autoren/ Werke
ca. 750–1050	Althochdeutsch	Kloster	Kleriker	fehlt	Sammlung mündlicher Überlieferung
ca. 1050–1350	Mittelhochdeutsch	Kaiser/ Fürstenhof	Laien	Lehnsherren, Ritter, Damen	Heldenepos (Nibelungenlied), höfischer Roman (Wolfram v. Eschenbach: Parzival, Gottfried v. Straßburg: Tristan und Isolde), Minnesang, Spruchdichtung (Walther v. d. Vogelweide)
ab ca. 1350	Neuhochdeutsch	Städte	Bettelmönche, Laien	Einzelne Leser	Predigten, Blockbücher religiösen Inhalts, Schwanksammlungen

2. Entstehung einer gemeinsamen deutschen Literatursprache:

15. Jh.	Im Ostteil Deutschlands, wo Menschen unterschiedlicher Herkunft und Mundart zusammen siedeln, bildet sich eine gemeinsame Sprache heraus (das „gemeine Deutsch"), die auch als Amtssprache dient (‚sächsische Kanzleisprache').
16. Jh. (erste Hälfte)	Martin Luther (1483–1546) verschmilzt diese Amtssprache mit der Umgangssprache seiner Heimat und schafft durch seine Bibelübersetzung und seine reformatorischen Schriften die Grundlage für eine gemeinsame deutsche Literatursprache.
16. Jh. (zweite Hälfte)	Auf Luther folgt keine deutsche Literatur von Bedeutung; die deutsche Sprache verwildert wieder.
17. Jh.	Die Epoche des Barock beginnt mit einem Programm zur Pflege der deutschen Hochsprache.

Barock (1600 – 1720)

2

Esse pius cupis HVNC saltem ADSPICE, qui fuit oli
Tu quod es, et, quod eris, mox erit ipse, cinis.

Claude Paradin:
Dévises héroiques. Lyon 1551

Bestandteile des Emblems:

Inscriptio (Aufschrift):
In hunc intuens pius esto! (Schau diesen an und sei fromm!)

Pictura (Bild):
Totengerippe, von der Hand eines wolkenverhüllten Wesens vor das Bild einer Landschaft gehalten.

Subscriptio (Unterschrift):
Deutendes Epigramm:
Esse pius cupis:
Hunc saltem adspice, qui fuit olim,
Tu quod es, et, quod eris, mox erit ipse, cinis. (Du willst fromm sein: Sieh dir nur diesen an, der einst war, was du bist, und, was du sein wirst, bald schon selbst sein wird: Asche.)

- Kirchenspaltung
- Dreißigjähriger Krieg
- Fürstlicher Absolutismus
- Territorialstaat
- Höfische Feste
- Weltverachtung
- Schäferdichtung
- Dichtungslehre
- Sonett

2.1 Sonett ‚Tränen des Vaterlandes' von Andreas Gryphius (1636)

Ein Gedicht aus dem Dreißigjährigen Krieg

Von der Dichtung des Barock leben in unserer Erinnerung vor allem noch die Sonette des Andreas Gryphius (1616–1664), die sich mit den Schrecken des Dreißigjährigen Krieges (1618–1648) und mit der Vergänglichkeit des Menschen und seiner Werke befassen. Am bekanntesten ist wohl das folgende mit dem Titel ‚Tränen des Vaterlandes':

Fremder Eindruck für den heutigen Leser

WIr ſind doch nunmehr gantz / ja mehr denn gantz verheeret!
Der frechen völcker ſchaar / die raſende poſaun
Das vom blutt fette ſchwerdt / die donnernde Carthaun /
Hat aller ſchweis / und fleis / und vorrath auff gezehret.
Die türme ſtehn in glutt / die Kirch iſt umgekehret.
Das Rathaus ligt im graus / die ſtarcken ſind zerhawn /
Die Jungfrawn ſind geſchändt / und wo wir hin nur ſchawn
Iſt fewer / peſt / und todt der hertz undt geiſt durchfehret.
Hier durch die ſchantz und Stadt / rint alzeit friſches blutt.
Dreymall ſindt ſchon ſechs jahr als unſer ſtröme flutt
Von ſo viel leichen ſchwer / ſich langſam fortgedrungen.
Doch ſchweig ich noch von dem was ärger als der todt.
Was grimmer den die peſt / undt glutt undt hungers noth
Das nun der Selen ſchatz / ſo vielen abgezwungen.

Da uns dreieinhalb Jahrhunderte von diesem literarischen Zeugnis trennen, müssen vorerst einige Verständnisbarrieren überwunden werden, zunächst einmal das fremde Schriftbild. Heute wird das Gedicht in Antiqua gedruckt und in der Rechtschreibung vorsichtig an die Erwartungen eines heutigen Lesers angeglichen:

Ein moderner Druck des Gedichts

WIr sind doch nunmehr gantz / ja mehr denn gantz verheeret!
Der frechen Völcker Schaar / die rasende Posaun
Das vom Blutt fette Schwerdt / die donnernde Carthaun /
Hat aller Schweiß / und Fleiß / und Vorrath auffgezehret.
Die Türme stehn in Glutt / die Kirch ist umgekehret.
Das Rathauß ligt im Grauß / die Starcken sind zerhaun /
Die Jungfern sind geschänd't / und wo wir hin nur schaun
Ist Feuer / Pest / und Tod / der Hertz und Geist durchfähret.

Hir durch die Schantz und Stadt / rinnt allzeit frisches Blutt.
Dreymal sind schon sechs Jahr / als unser Ströme Flutt /
Von Leichen fast verstopfft / sich langsam fort gedrungen.
Doch schweig ich noch von dem / was ärger als der Tod /
Was grimmer denn die Pest / und Glutt und Hungersnoth /
Das auch der Seelen Schatz / so vilen abgezwungen.

Unbekannte Wörter oder Wortdeutungen

Doch macht auch der Wortlaut dem heutigen Leser Schwierigkeiten. So sind die Wörter ‚Carthaun' (3: schweres Geschütz) und ‚Grauß' (6: Staub) nicht mehr gebräuchlich. Das Adjektiv ‚grimm' (13) würde heute ‚grimmig' lauten und eine abweichende Bedeutung haben (‚schmerzlich'). Die Verben ‚sich fortdrängen' (11) und ‚abzwingen' (14) kämen heute in anderem Kontext vor, wo sie etwas anderes bedeuten als „fließen" und „wegnehmen". Statt ‚als' (10) würde es heute ‚seit' heißen. Der Leser muss sich den Text also erst in seine Gegenwartssprache regelrecht ‚übersetzen'.

Elemente der Dichtersprache

Damit aber sind noch nicht alle Barrieren weggeräumt. Denn fremd ist dem Leser von heute auch die Dichtersprache von damals, der er die Aussage des ‚lyrischen Ich' entnehmen soll. Der Eingang des Gedichts ist nach dem Prinzip gebaut, eine Sache aus

Ihn hat das glückliche Deutschland als Tragödiendichter bewundert.
Er trifft mit dem Blitz die steinernen Herzen der Leute.
So sah er aus. Was er mit reger Gelehrsamkeit (erkannt)
von allem, was es auf dem weiten Erdkreis gibt,
leuchtet aus den Schriften, die sein göttlicher Geist hinterließ.
Gryphius wird im Himmel eine zweite Pallas (Athene) sein.

Andreas Gryphius (1616–1664) als Syndicus des Herzogtums Glogau (Schlesien)

Beschreibung eines Ganzen durch Aufzählung seiner Teile

ihren einzelnen Teilen zu beschreiben *(enumeratio partium)*. Diese ‚Sache' ist die Verheerung Deutschlands durch den Krieg, die in Form einer Übertreibung *(Hyperbel)* genannt wird („ganz, ja mehr als ganz"). Der Krieg ist durch der „Völker Schar", die „Posaune" (das Kriegssignal), das „Schwert" und die Artillerie („Carthaun") charakterisiert. Dieser Krieg hat alles vernichtet, was die Menschen sich erarbeitet und erspart haben („Schweiß" „Fleiss" und „Vorrat"). Auch hier wird ein Ganzes (Arbeit) in seinen Teilen vorgestellt. Nach dem gleichen Prinzip ist auch die zweite Strophe (5–8) gebaut, in der die Verwüstung gezeigt wird, die der Krieg in den Städten („Türme", „Kirche", „Rathaus") und bei den Menschen angerichtet hat („Jungfrauen... geschändet" „die Starken... zerhauen"). Am Ende erfolgt eine Zusammenfassung in Form eines dreigliedrigen Ausdrucks *(Trikolon)*: „Feuer, Pest und Tod" (8) erfüllen Herz und Geist der Menschen.

Bildsteigerung

Die dritte Strophe (9–11) bringt ein Bild für die Verluste an Leib und Leben („rinnt allzeit frisches Blut") und führt es in einer Steigerung *(Klimax)* weiter, indem die Zeitangabe ‚allzeit' durch die Nennung der Zeitdauer („dreimal ... sechs Jahre") überhöht und das Bild vom rinnenden Blut dadurch gesteigert wird, dass nun die Fülle der Leichen das Fließen der Ströme behindert *(Hyperbel)*. Mit einer Ausweitung des Verheerungsthemas *(amplificatio)* geht der Sprecher nun auf die Verheerungen ein, die der Krieg in den Seelen angerichtet hat; gemeint ist die Tatsache, dass viele Menschen dem angestammten Glauben – für Gryphius war es der lutherische – abschwören mussten, wenn sie unter die Herrschaft der anderen, d.h. katholischen Konfession geraten waren. Das hält der Sprecher für schlimmer als Tod, Pest, Brand und Hungersnot (12/3). Denn der „Seelen Schatz" besteht in dem Glauben des Menschen, durch den Kreuzestod Christi erlöst zu sein. Der Krieg ging ja – abgesehen von seinen dynastischen Verwicklungen – darum, ob die Menschen künftig diese Erlösung auf katholische oder protestantische Weise erringen sollten. Die alleinige Wichtigkeit des ewigen Heils ergibt sich für Gryphius aus der Erfahrung, dass alles Irdische der Vergänglichkeit anheim gegeben ist, nicht lange währen wird, auf sein eigenes Ende verweist, wie es ein anderes Sonett von Gryphius sagt, das die Überschrift ‚Es ist alles eitel' (AT Prediger 1,2) trägt (1643):

Ausweitung des Themas

Das ewige Heil ist am wichtigsten

Erfahrung der Vergänglichkeit

Du siehst, wohin du siehst, nur Eitelkeit auf Erden!
Was dieser heute baut, reißt jener morgen ein;
Wo jetzund Städte stehn, wird eine Wiese sein,
Auf der ein Schäferskind wird spielen mit den Herden.

Was jetzund prächtig blüht, soll bald zertreten werden,
Was jetzt so pocht und trotzt, ist morgen Asch und Bein.
Nichts ist, das ewig sei, kein Erz, kein Marmorstein.
Jetzt lacht das Glück uns an, bald donnern die Beschwerden.

Der hohen Taten Ruhm muß wie ein Traum vergehn.
Soll denn das Spiel der Zeit, der leichte Mensch bestehn?
Ach, was ist alles dies, was wir für köstlich achten,

Als schlechte Nichtigkeit, als Schatten, Staub und Wind,
Als eine Wiesenblum, die man nicht wiederfind't!
Noch will, was ewig ist, kein einig Mensch betrachten!

Das gleiche Bauprinzip: Aufzählung der Teile

Das Bauprinzip des Gedichts ist ähnlich dem des Sonetts ‚Tränen des Vaterlandes'. Wieder wird der Sachverhalt, der das Thema darstellt, in seine Teile entfaltet *(enumeratio partium)*. Die ‚Eitelkeit' der Dinge zeigt sich darin, dass Gebautes wieder eingerissen wird (2), dass eine Stadt wieder verschwindet (3/4), dass Blühendes zertreten wird (5) und heute noch Lebendiges morgen in Asche und Knochen verwandelt ist (6). Immer wieder wird dem Heute das Morgen gegenübergestellt. Schließlich folgen rhetorische Fragen (10–14), in denen die ‚Nichtigkeit' durch Vergleiche veranschaulicht wird („Schatten, Staub und Wind", „Wiesenblum"'), bis das Gedicht in die Mahnung ausläuft, dass der Mensch das betrachten müsse, „was ewig ist".

Vergänglichkeit verweist auf Ewigkeit

Die Idee, das Thema der Vergänglichkeit auf diese Weise zu behandeln, musste der Dichter nicht selbst erfinden. Er konnte den Gedanken vielmehr der Tradition entnehmen. In vielen Emblembüchern war ein literarischer Motivvorrat gespeichert. Ein Beispiel eines Emblems zum Thema des Gedichts finden Sie auf der Auftaktseite (s. S. 11).

Verwendung vorgegebener Bilder (Embleme)

Das Emblem, eine die Dichtung mit der bildenden Kunst verbindende Allegorie, war eine Erfindung der Humanisten und wurde seitdem von den Dichtern als Inspirationsquelle und Bildermagazin benutzt.

Die Form des Sonetts

‚Alexandriner': nach dem um 1180 entstandenen altfranzösischen Versepos über den sagenhaften König Alexander.

Die Form der beiden Gedichte, das Sonett, ist aus der italienischen Literatur übernommen. Es besteht aus zwei vierzeiligen Strophen, den ‚Quartetten', und zwei dreizeiligen Strophen, den ‚Terzetten'. Die Verse sind jambische Sechsheber mit Zäsur nach der dritten Hebung, so genannte ‚Alexandriner'. Sie haben in den umschließenden Zeilen 1, 4, 5, 8, 11 und 14 weibliche Endung (∪ – ∪). Das Reimschema lautet abba abba cce dde.

Literarische Rhetorik, Emblematik und Regeln für Metrum und Reim bilden eine exklusive Kunstsprache

Alle drei Elemente der hier betrachteten Gedichte, der Aufbau nach den Regeln der antiken Rhetorik, die Verwendung vorgegebener, in Emblembüchern auffindbarer Bilder und die Benutzung von Gedichtformen, in denen Strophenfolge, Versmaß und Reimschema streng geregelt sind, stellen für den heutigen Leser insofern eine weitere Verständnisbarriere dar, als sie eine poetische Kunstsprache bilden, die eigentlich nur derjenige verstehen kann, der sie – wie das bei den Barockdichtern und ihrem exklusiven Publikum der Fall war – auf der Schule und der Universität gelernt hat. Der Leser von heute aber tritt mit völlig anderen Erwartungen an ein Gedicht heran, die er ebenfalls in der Schule erworben hat. Für ihn ist ein Gedicht die unmittelbare Äußerung eines lyrischen Ichs dem Adressaten gegenüber, bei der sich Inhalt und Form nicht voneinander trennen lassen. Wer aber rhetorisch und emblematisch spricht, d. h. sich öffentlich geregelter Gedankenmotive, Bilder und Sprachfiguren bedient, begibt sich nicht in die Rolle eines ‚lyrischen Ichs', das als Einzelner zu einem einzelnen Leser spricht, sondern fügt sich in eine exklusive literarische Öffentlichkeit ein, in der alle das Handwerk der Poesie betreiben bzw. gelernt haben.

Öffentlicher Sprachgebrauch im Barockgedicht

Überblick

- In der **Thematik** geht der Dichter von den Verheerungen des Dreißigjährigen Krieges aus, die ihn auf die Hinfälligkeit des Menschen und die Vergänglichkeit aller Dinge hinweisen. Krieg, Zerstörung, Tod und Elend werden aus der Perspektive des christlichen Jenseitsglaubens beurteilt. Weil alles Irdische dazu bestimmt ist zu vergehen, soll der Mensch den Blick auf Gott und die Ewigkeit richten.
- Die **literarische Technik** ist durch folgende Mittel bestimmt:
  - Darstellung eines Ganzen durch Aufzählung seiner Teile
  - Stilmittel der aus der Antike tradierten Rhetorik
  - Bilder und Motive aus dem Repertoire der Emblembücher
  - Streng geregelte Gedichtform (Sonett).
- Die **Rezeption** der Gedichte durch den heutigen Leser ist einmal durch diese literarische Technik, zum andern durch die sprachlichen Abweichungen, die das barocke Deutsch von der Sprache der Gegenwart zeigt, erschwert.

2.2 Die literarische Epoche des Barock

Der Absolutismus

In der Literatur des 17. Jahrhunderts spiegelt sich der Dreißigjährige Krieg (1618–1648), die letzte Phase der Auseinandersetzung zwischen den christlichen Konfessionen, zwischen Reformation und Gegenreformation. Doch weder Protestanten noch Katholiken waren Sieger in diesem Krieg. Es wurde lediglich der Augsburger Religionsfriede von 1555 wiederhergestellt, der den Reichsständen die Autonomie in kirchlichen Fragen überließ (Cuius regio, eius religio = „Wer über das Land herrscht, bestimmt die Konfession"). So waren die eigentlichen Gewinner dieses Krieges die absolutistisch regierenden Territorialfürsten. Sie schufen nach französischem Vorbild in ihren Residenzen eine einheitliche Verwaltung, eine zentrale Polizei und Armee sowie einen gesellschaftlichen und kulturellen Mittelpunkt. Infolge dieser Machtkonzentration in der Residenz verlor der Adel größtenteils seine Eigenständigkeit und wurde zum Hofadel. Die Gesellschaft erhielt nun die Struktur einer Pyramide, an deren Spitze der Herrscher steht und in der der gesellschaftliche Rang der Adligen und der im Hofdienst stehenden Bürgerlichen dadurch festgelegt wird, wie nahe jemand dem Herrscher ist. Deshalb wird in der Barockkultur den äußeren Zeichen des Ansehens (Anrede, Titel, Platz bei Feierlichkeiten, Ehrenzeichen auf der Kleidung usw.) ein hoher Wert beigemessen. Wenn sich die Dichtersprache in einer solchen Kultur vorgeprägter Bilder, Wendungen, Themen und Motive bedient, kommt in ihr notwendigerweise nicht individuelles Leben, Denken, Fühlen zum Ausdruck, sondern etwas Allgemeines, das für alle gilt. Sie ist unpersönlich, d. h. sie ist repräsentativ. Nicht was jemand ist, sondern was er bedeutet, findet Beachtung. Das gesellschaftliche Leben ist von Rolle, Maske, Ritual, Zeremoniell, Etikette, Regel und Spielregel bestimmt. Das Leben ist Theater, Vorstellung und Verstellung. Sowohl das Leben bei Hof wie auch das öffentliche Geschehen in der Stadt sind Schaustellung, Szene. Der Fürst ist sozusagen der erste Schauspieler im Staat. Jeder Blick, jede Geste des Herrschers ist Zeichen, wird beobachtet, befolgt, weitergegeben und hat Auswirkungen auf Karrieren und Lebensschicksale von Untertanen. Diesem System höfischer Repräsentation entspricht genau der repräsentative Charakter der Dichtung, d. h. auch sie ist eine Art von Staatsaktion, indem sie die geltenden Werte, Bedeutungen und Orientierungen zur

Die eigentlichen Sieger waren die Territorialherren

Die Residenz ist politischer und gesellschaftlicher Mittelpunkt

Rang durch Nähe zum Herrscher bestimmt

Dichtung drückt Allgemeines, nicht Persönliches aus

Das Leben, die Welt als Theater

Der Fürst als erster Schauspieler im Staat

Sprache bringt, die es den Menschen ermöglichen, die Kultur und die Verhältnisse, unter denen sie leben, trotz Krieg, Pest, Mord und Brand, für eine sinnvolle Welt zu halten.

Funktion der Dichtung bei der Selbstdarstellung der höfischen Gesellschaft

In der Prachtentfaltung des Absolutismus mit seinen großartigen Schlossanlagen, seinen aufwendigen Festen, die sich oft mit Opern, Maskeraden, Wasserkünsten, mit Illumination, Ballett, Feuerwerk über Wochen hinzogen, seiner kostbaren Garderobe hatte auch die Dichtung ihren Platz. Wie die Komponisten mit ihrer Musik dienten auch die Poeten mit ihren Gedichten dem Fürstenlob und der Selbstdarstellung der höfischen Gesellschaft. Niemals wieder haben Dichter so viele öffentliche Aufträge erhalten und erfüllt.

Diese Gelegenheitsdichtung widerspricht nur vordergründig der religiösen Thematik der beiden in eigener Regie verfassten Gedichte von Gryphius. Denn beides gehört zusammen: Die Welt ist Schein, ist Theater. Die eigentliche Wirklichkeit wartet im Jenseits auf den Menschen.

Die Dichtungslehre des Barock

Dichtung ist lehr- und lernbar

Die Dichtung wurde im Barock nach antikem Vorbild als ein lehrbares und lernbares ‚Handwerk' *(ars)* angesehen. Da es noch keine Überlieferung einer gemeinsamen deutschen Literatursprache gab, bemühte man sich in zahlreichen Sprachgesellschaften um eine solche geregelte Sprache. Dort fanden sich Adlige und Bürger zu gemeinsamem Tun zusammen. Aus einer solchen Sprachgesellschaft, die 1617 in Weimar gegründet worden war, ist Martin Opitz (1597–1639) hervorgegangen, der die wichtigste theoretische Schrift zur Dichtungslehre des Barock, das ‚Buch von der deutschen Poeterey' (1624) verfasst hat. In ihm legt Opitz nach dem Vorbild der antiken Lehrbücher der Rhetorik die Regeln dar, nach denen ein poetisches Werk verfasst werden soll. Der erste Teil dieser Lehrbücher war stets der ‚Erfindung' des Stoffes *(inventio)* gewidmet.

Adel und Bürger („Geistesadel") arbeiten in der Sprachpflege zusammen

MARTINI
OPITII
Buch von der Deutschen
Poeterey.
In welchem alle ihre eigen-
schafft vnd zugehör gründt-
lich erzehlet / vnd mit exem-
peln außgeführet wird.

Gedruckt in der Fürstlichen
Stadt Brieg / bey Augustino
Gründern.
In Verlegung David Müllers Buch-
händlers in Breßlaw. 1624.

Opitz „Buch von der Deutschen Poeterey". 1624

Die Stoffsuche wird in der Lehre von den ‚Gemeinplätzen‘ (griech. ‚topoi‘, lat. ‚loci‘) systematisiert. Da wird z.B. die Definition des Gegenstandes als Gedichtanfang empfohlen (locus ex definitione), wie sie Gryphius hier anwendet:

Lehre von der Auffindung des Stoffes

Was sind wir Menschen doch? ein Wohnhaus grimmer Schmerzen,
Ein Ball des falschen Glücks, ein Irrlicht dieser Zeit (...)

Und so geht es noch einige Verse weiter. Ein anderer Ansatzpunkt ist der Name einer Person oder Sache, aus dem der Text entwickelt werden kann *(locus notationis)*, wie es Gryphius hier macht:

Möglichkeiten, einen Gegenstand abzuhandeln

Mein **Erzhirt**, ach! Ich durch dein Blut und Sterben
erkauftes **Schaf** irr‘ ohne Trost umher
in wüster Welt, ach, stehe bei und wehr‘
dem **Wolfe**, der schon rennt, mich zu verderben...

Die neutestamentlichte Bezeichnung Christi als des ‚guten Hirten‘ (NT Ev. Joh. 10,11 f.) wird als Bild entfaltet. Eine dritte rhetorische Technik, die Beschreibung der Teile eines Ganzen *(locus ex enumeratione partium)*, ist durch die beiden Sonette auf S. 12f. und S. 14f. belegt.

Der zweite Teil der antiken Rhetorik behandelt die Anordnung der einzelnen Elemente *(dispositio)*. Diese hängt von der poetischen Gattung ab, die Opitz nun thematisiert. Hier sind die lyrischen Formen (Sonett, Ode, Elegie usw.) noch nicht unter dem Oberbegriff ‚Lyrik‘ zusammengefasst. Als ‚Lyrica‘ werden vielmehr alle jene Formen verstanden „die man zur Musik sonderlich gebrauchen kann“. Der dritte Teil der rhetorischen Poetik beschäftigt sich mit der Einkleidung der Gedanken in Worte und Sätze *(elocutio)*. Diese sprachliche „Zubereitung“ soll den Wirkungsabsichten dienen, die schon Cicero unterscheidet:

Die Lehre von den poetischen Gattungen

Man soll den Hörer durch Beweisgründe überzeugen (docere, probare), ihn dem Sprecher und seiner Sache geneigt machen (delectare, conciliare) oder ihn durch Erregung starker Gefühle beeinflussen (movere, persuadere), mit den Worten von Opitz:

Wirkungsabsichten von Rhetorik und Poetik

„Dient also dieses alles zu Überredung und Unterricht, auch Ergötzung der Leute, welches der Poeterey vornehmster Zweck ist"

Funktion der literarischen Formmittel

Diese Wirkung wird als eine Funktion des rechten Gebrauchs der Tropen (Umschreibungen) und Figuren (Besonderheiten der Wortstellung) angesehen, die unter dem Begriff des Redeschmucks *(ornatus)* zusammengefasst werden. Dabei spielt die Bildlichkeit eine entscheidende Rolle. In der Wahl der Metaphern und Vergleiche bemüht man sich, entweder durch ihre Häufung zu beeindrucken oder das Gemeinte zu verrätseln, indem man Bilder aus entlegenen Bereichen nimmt. So nennt z. B. Hofmannswaldau in einem Liebesgedicht die Brüste der Angebeteten „Schneegebirg, in welchem Funken glimmen" oder „Zunder meiner Lüste".

Poetik als Schul- und Universitätsfach

In dieser Dichtungslehre (Poetik) wird also das Dichten als eine Fertigkeit gesehen, die man Schülern und Studenten beibringen kann, damit sie fähig werden, für entsprechende gesellschaftliche Anlässe Gedichte zu verfassen.

Überblick

- Die absolutistischen Territorialfürsten konzentrieren ihre Macht in den **Residenzen**, wo sie Hof halten und eine **Kultur der festlichen Selbstdarstellung** zelebrieren. Neben Architektur, bildender Kunst, Musik und Tanz trägt auch die **Dichtung** zu dieser Kultur bei. Sie hat daher **öffentlichen Charakter**, indem sie Gedanken zum Ausdruck bringt, die von allgemeiner Bedeutung sind, ohne diese als persönliche Äußerung zu kennzeichnen. Die **Welt** wird als **Theater** angesehen, als Schein, während die Wahrheit im Jenseits liegt, nur im **Glauben** zugänglich ist.
- Dichtung gilt als lehr- und lernbar. Ihre Regeln sind in einer **Dichtungslehre** (Poetik) festgelegt. Diese ist aufgebaut wie die antiken Lehrbücher der Rhetorik und hat drei Teile:
  1. Auffindung des Stoffes (Topik); 2. Gliederung, Aufbau (Gattungslehre); 3. Sprachliche Gestaltung (Tropen und Figuren: ‚Redeschmuck').

2.3 Autoren

Die deutschen Barockdichter gehören fast ausnahmslos der kleinen, um 1600 etwa vier von tausend der Bevölkerung ausmachenden Akademikerschicht an, die in der ständischen Ordnung eine Sonderstellung einnahm. Der absolutistische Herrscher war in vielfacher Hinsicht auf ihre Dienste angewiesen.

Die Dichter gehören zu einer exklusiven Akademikerschicht

Viele Barockdichter stammten aus Schlesien: **Andreas Gryphius** (1616–1664) wurde Jurist und diente dem Fürsten von Glogau als Syndikus der Stände. **Martin Opitz** (1597–1639) stand im diplomatischen Dienst der protestantischen schlesischen Herzöge. **Paul Fleming** (1609– 1640) war Arzt und schrieb lateinische und deutsche Gedichte. **Christian Hofmann von Hofmannswaldau** (1617–1679) war Jurist und Gesandter seiner Vaterstadt Breslau. Die Kirchenlieder des evangelischen Pfarrers **Paul Gerhardt** (1607–1676) und des katholischen Arztes und Priesters **Johann Scheffler** (1624–1677), den man Angelus Silesius (d.h. ‚Der schlesische Bote‘) nannte, werden noch heute im Gottesdienst gesungen. **Hans Jakob Christoph von Grimmelshausen** (1622–1676) führte als Soldat ein unruhiges Leben, bis er heiratete, wieder katholisch wurde, eine Schultheißenstelle bekam und zu schreiben begann.

Herkunft aus Schlesien

Im Dienst der Fürsten

Barocke Kirchenlieder im modernen Gesangsbuch

2.4 Werke

Die dominierende Gattung des Barock war die Lyrik. Neben den ernsten Gedichten gibt es auch die Schäferdichtung (Bukolik). Das sind Rollengedichte, in denen sich die Liebenden in der Maske von Schäfer und Schäferin besingen. Die lyrischen Autoren verfassten aber auch Dramen (Tragödien nach dem Vorbild des römischen Dichters Seneca, 2–66) und Operntexte, die jedoch heute kaum noch Verwendung finden. Dagegen erregt der Schelmenroman **‚Der abenteuerliche Simplicissimus Teutsch‘** von Grimmelshausen (1669) immer noch lebhaftes Interesse. In fünf Büchern wird dort die Lebensgeschichte eines naiven Bauernjungen erzählt, in der sich viele autobiografische Details finden.

Lyrik dominierende Gattung

Dramen

Schelmenroman

Zusammenfassung: Barock

Themen:
Verheerungen des Dreißigjährigen Krieges
Glaubensspaltung
Hinfälligkeit des Menschen
Vergänglichkeit der Dinge
Die Welt als Bühne, das Leben als Rollenspiel
Welt unter der Perspektive des ewigen Seins im Jenseits gesehen

Gattungen:
Wichtigste Gattung ist die Lyrik
Religiöse Gedichte bedeutsamer als Liebeslyrik
Dramen nach römischem Vorbild, zeitgebunden, nicht mehr aufgeführt
Aus der erzählenden Gattung hat der Schelmenroman überlebt

Literarische Technik:
Regeln der Dichtungslehre aus der antiken Rhetorik: Topik zur Stofferfindung
Gattungsgesetze zur Gliederung, Redewendungen und Stilfiguren zur sprachlichen Gestaltung
Bilder in Emblembüchern vorgeprägt

Autoren:
Andreas Gryphius
Martin Opitz
Hans Jakob Christoffel von Grimmelshausen

Werke:
Andreas Gryphius, Sonette religiösen Inhalts
Martin Opitz, Buch von der deutschen Poeterey
Hans Jakob Christoffel von Grimmelshausen, Der abenteuerliche Simplicissimus

Aufklärung (1720 – 1785)

3

- Vernunft
- Kritik
- Moralisches Gesetz
- Mündigkeit
- Toleranz
- 'Erziehung des Menschengeschlechts'
- 'Die drei Ringe'
- Menschenrechte

Die Sultansfamilie mit dem Christensohn und der Judentochter als leiblichen Kindern eines Muslims verkörpert die ‚Menschenfamilie‘:

„Sind Christ und Jude eher Christ und Jude
Als Mensch? Ah! wenn ich einen mehr in Euch
gefunden hätte, dem es genügt, ein Mensch
zu heißen!“ (Nathan der Weise V. 1310–13)

3

3.1 Lessings dramatisches Gedicht ‚Nathan der Weise'

Die Handlung von Lessings Lehrstück in fünf Akten spielt im Jahr 1192 während des dritten Kreuzzuges in Jerusalem:

Die Handlung des Dramas

Dort residiert Sultan Saladin. Er hat mit dem englischen König Richard Löwenherz und dem französischen König Philipp II. August, nachdem ihnen die Einnahme des Hafens Akkon gelungen war, Waffenstillstand geschlossen. Dieser wurde nur von Rittern des Templerordens gebrochen. Einige von ihnen hat Saladin gefangen genommen und hinrichten lassen. Einen hat er allerdings verschont, weil er ihn an seinen verschollenen Bruder Assad erinnerte. Dieser darf sich nun frei in Jerusalem bewegen und verliebt sich in Recha, die Adoptivtochter des reichen Juden Nathan, nachdem er sie aus den Flammen ihres brennenden Hauses gerettet hat. Am Ende stellt sich heraus, dass der Tempelherr und Recha Geschwister und Kinder von des Sultans Bruder Assad sind, der eine Deutsche geheiratet hatte und ihr in ihre Heimat gefolgt war. Er war später im Heiligen Land gefallen. Dieser Familiengeschichte, die nach der Art des analytischen Dramas allmählich aufgedeckt wird, entspricht eine Gleichniserzählung in der Mitte des Stücks, die Geschichte von den drei Ringen. Mit ihr versucht Nathan dem Sultan klarzumachen, warum keine der drei Religionen Judentum, Christenglaube und Islam den Anspruch erheben kann, die absolute Wahrheit zu besitzen. Vielmehr könne sich Wahrheit nur im Handeln des Menschen erweisen, der das Gute tut.

Lessings Quelle für die Ringgeschichte

Die Ringgeschichte hatte Lessing in dem Novellenbuch ‚Il Decamerone' von Boccaccio (I 3) gefunden:

Ein Ring, dessen Besitz den Erben der wahren Religion kenntlich macht, kommt auf einen Mann, der seine drei Söhne gleichermaßen liebt. Er lässt deshalb noch zwei gleiche Ringe anfertigen, sodass der echte Ring nicht mehr erkannt werden kann.

Lessings Fortsetzung der Ringparabel

Während die Parabel in der Vorlage mit der Bemerkung endet, dass man den echten Ring nicht herausgefunden habe, erzählt Lessing die Geschichte folgendermaßen weiter:

Die Söhne
verklagten sich; und jeder schwur dem Richter,
unmittelbar aus seines Vaters Hand
den Ring zu haben – wie auch wahr! – nachdem
er von ihm lange das Versprechen schon
gehabt, des Ringes Vorrecht einmal zu
genießen. – Wie nicht minder wahr! – Der Vater,
beteu'rte jeder, könne gegen ihn
nicht falsch gewesen sein; und eh' er dieses
von ihm, von einem solchen lieben Vater,
argwöhnen lass': eh' müss' er seine Brüder,
so gern er sonst von ihnen nur das Beste
bereit zu glauben sei, des falschen Spiels
bezeihen; und er wolle die Verräter
schon auszufinden wissen; sich schon rächen. (...)
Der Richter sprach: „Wenn ihr mir nun den Vater
nicht bald zur Stelle schafft, so weis' ich euch
von meinem Stuhle. Denkt ihr, daß ich Rätsel
zu lösen da bin? Oder harret ihr,
bis daß der rechte Ring den Mund eröffne? –
Doch halt! Ich höre ja, der rechte Ring
besitzt die Wunderkraft, beliebt zu machen,
vor Gott und Menschen angenehm. Das muß
entscheiden! Denn die falschen Ringe werden
doch das nicht können! – Nun, wen lieben zwei
von euch am meisten? – Macht, sagt an! Ihr schweigt?
Die Ringe wirken nur zurück und nicht
nach außen? Jeder liebt sich selber nur
am meisten? – O, so seid ihr alle drei
betrogene Betrüger! Eure Ringe
sind alle drei nicht echt. Der echte Ring
vermutlich ging verloren. Den Verlust
zu bergen, zu ersetzen, ließ der Vater
die drei für einen machen. (...)
Und also", fuhr der Richter fort, „wenn ihr
nicht meinen Rat, statt meines Spruches, wollt:
Geht nur! – Mein Rat ist aber der: Ihr nehmt
die Sache völlig, wie sie liegt. Hat von
euch jeder seinen Ring von seinem Vater,
so glaube jeder sicher seinen Ring
den echten. – Möglich, daß der Vater nun
die Tyrannei des einen Rings nicht länger
in seinem Hause dulden wollte! – Und gewiß,
daß er auch alle drei geliebt und gleich
geliebt, indem er zwei nicht drücken mögen,
um einen zu begünstigen. – Wohlan!
Es eifre jeder seiner unbestochnen,
von Vorurteilen freien Liebe nach!

Es strebe von euch jeder um die Wette,
die Kraft des Steins in seinem Ring an Tag
zu legen! Komme dieser Kraft mit Sanftmut,
mit herzlicher Verträglichkeit, mit Wohltun,
mit innigster Ergebenheit in Gott,
zu Hilf'! Und wenn sich dann der Steine Kräfte
bei euern Kindes-Kindeskindern äußern:
So lad' ich über tausend Jahre
sie wiederum vor diesen Stuhl. Da wird
ein weisrer Mann auf diesem Stuhle sitzen
als ich, und sprechen. Geht!" – So sagte der
bescheidne Richter.

Lessings Umdeutung der Ringparabel

Lessing deutet die alte Ringparabel auf neue Weise. Diese Deutung hat drei Teile. Der erste (1993–2007 im Tempus Präteritum) betrifft die bisherige Geschichte, in der die drei monotheistischen Religionen Judentum, Christentum und Islam sich jeweils im alleinigen Besitz der Wahrheit wähnten und einander „des falschen Spiels" (2005) beschuldigten. Im zweiten Teil (2010–2028: Tempus Präsens) erscheint diese Geschichte in der Sicht aufklärerischer Kritik, welche die Selbstbezogenheit der Offenbarungsreligionen (2022/3) tadelt. Diese hat dazu geführt, dass „der Ring" seine „Wunderkraft" (2015/6) nicht entfalten konnte. Im dritten Teil, der von der Zukunft handelt (2029–2054: Imperative), wird die Konsequenz aus der bisherigen Geschichte der Religionen gezogen. Dabei wird angedeutet, dass diese der Vorsehung Gottes entspricht, der eine „Erziehung des Menschengeschlechts" beabsichtigt, bei der die Echtheitsprobe nicht mehr in dogmatischem Streit, sondern im sittlichen Wettkampf besteht. Gott wollte, „die Tyrannei des einen Rings nicht länger (…) dulden" (2036/7), sondern erwartet von den Menschen, dass „jeder seiner unbestochnen, von Vorurteilen freien Liebe" nacheifre (2041/2), dem Andersgläubigen mit „Sanftmut", mit „Verträglichkeit" und „Wohltun" begegne (2045/6) und so seine „Ergebenheit in Gott" (2047) beweise.

Die Tyrannei einer einzigen Religion soll unterbleiben!

Ringparabel und Dramenhandlung im ‚Nathan'

Die um die Ringerzählung herum angeordnete dramatische Handlung veranschaulicht diese im sittlichen Wettkampf bestehende Echtheitsprobe. Sie beginnt bereits mit Akten der „unbestochenen, von Vorurteilen freien Liebe", wenn der Mohammedaner Saladin den christlichen Tempelherrn freilässt und dieser das Judenmädchen Recha aus den Flammen rettet. Sie schließt damit, dass sich die Angehörigen der verschiedenen Religionen und gesellschaftlichen Stände, der mohammedanische Fürst Saladin, der adlige Christ aus dem Templerorden, der bürgerliche jüdische Kaufmann Nathan usw., als Repräsentanten der einen Menschheitsfamilie umarmen. Und selbst der ‚böse' Mensch, der Patriarch, der Nathan verderben will, muss dem Plan der Vorsehung gehorchen, indem er zur Aufdeckung der verwandtschaftlichen Beziehungen beiträgt. Das Ziel ist nicht die Beseitigung der Unterschiede. Denn der Richter rät dazu, „die Sache völlig" zu belassen, „wie sie liegt", der angestammten Religion treu zu bleiben (2031–35). Das Ziel ist vielmehr Toleranz und Verständigung mit den Angehörigen anderer gesellschaftlicher Gruppen, Stände, Konfessionen, Nationen, denen ja nicht ihre Identität genommen werden darf:

Der Plan der Vorsehung

Was heißt Toleranz?

Kann ich von dir verlangen, daß du deine
Vorfahren Lügen strafst, um meinen nicht
zu widersprechen? Oder umgekehrt. (1987–89)

Die Frage nach dem ‚rechten Glauben', wie sie von der Kirche gestellt wird, ist für die Förderung des menschlichen Zusammenlebens ungeeignet. Die Verständigung beginnt damit, dass nach den „Gründen" gefragt wird, aus denen jemand seine „Geschichte (...) auf Treu und Glauben" annimmt (1976–78), und dass man diese Gründe respektiert, ohne sie selbst zu übernehmen. Am Ende allerdings wird der Mensch die geschichtlich entstandenen Offenbarungsreligionen nicht mehr nötig haben:

Die Frage nach dem ‚rechten' Glauben ist falsch gestellt.

„Sie wird gewiß kommen, die Zeit der Vollendung, da der Mensch ... das Gute tun wird, weil es das Gute ist, nicht weil willkürliche Belohnungen darauf gesetzt sind, die seinen flatterhaften Blick ehedem bloß heften und stärken sollten, die innern bessern Belohnungen desselben zu erkennen." (Die Erziehung des Menschengeschlechts § 85)

Es war ein alter Plan Lessings, die um 1100 in Spanien von aufklärerischen Juden erfundene Parabel von den drei Ringen zu dramatisieren. Dass er 1778, als er 49 Jahre alt war, auf diesen Plan zurückgriff, hat folgende Gründe: In den Jahren 1777/78 führt Lessing einen literarischen Streit mit dem Hamburger Hauptpastor Johann Melchior Goeze über den Wahrheitsgehalt der Bibel. Lessing will die Bibel kritisch lesen:

Ist die Wahrheit im Buchstaben der Bibel enthalten, oder muss sie gesucht werden?

Gotthold Ephraim Lessing. Gemälde von Anton Graff. 1771

„denn die Bibel enthält offenbar mehr als zur Religion Gehöriges, und es ist bloße Hypothese, daß sie in diesem Mehrern gleich unfehlbar sein müsse."

Goeze hält ihm entgegen, die Bibel dürfe nicht wie irgendein historisches Dokument behandelt werden. Er fordert vorbehaltlose Annahme der aus der Bibel abgeleiteten Glaubenssätze, in denen er die Wahrheit zu besitzen beansprucht. Lessing erwidert:

„Nicht die Wahrheit, in deren Besitz irgendein Mensch ist, oder zu sein vermeint, sondern die aufrichtige Mühe, die er angewandt hat, hinter die Wahrheit zu kommen, macht den Wert des Menschen (…)."

Unbotmäßigkeit gegenüber der Kirche gilt als politische Unbotmäßigkeit.

Der Herzog von Braunschweig, in dessen Diensten Lessing damals stand, sah in dieser Verweigerung des vorbehaltlosen Glaubensgehorsams gegenüber der Kirche auch ein Zeichen politischer Unbotmäßigkeit und verbot Lessing in der Order vom 13.7.1778 weitere Publikationen im Disput mit Goeze. Daraufhin setzte Lessing den Streit an einem anderen Orte fort:

„Ich muß versuchen, ob man mich auf meiner alten Kanzel, auf dem Theater wenigstens, noch ungestört will predigen lassen." (Brief v. 6. 9. 1778 an Elise Reimarus)

„Ehe von Thron und Altar"

Das Publikationsverbot weist darauf hin, dass Kirche und Landesherr zu Lessings Zeiten sich als Bundesgenossen verstanden („Ehe zwischen Thron und Altar"). Daher erhielt jede Weigerung, das von der Kanzel verkündete Wort buchstäblich, gehorsam und ohne Einwand anzunehmen, einen politischen Akzent.

- Die Angehörigen der verschiedenen Religionsgemeinschaften, Nationen und Stände sollen sich in ihrer Andersartigkeit gegenseitig respektieren (**Toleranzgebot**) und sich als Menschen miteinander verständigen (**Humanitätsidee**). Sie sollen sich nicht im Besitz der Wahrheit wähnen, sondern sich im Gebrauch ihrer Vernunft um Erkenntnis der Wahrheit bemühen (**Gedanke der Kritik**).
- Religion besteht nicht aus Dogmen, die fraglos angenommen werden müssen, sondern verwirklicht sich im sittlichen Empfinden und Handeln (**Vorrang der Moral**). Dabei wird von der Vorstellung einer durch die Vorsehung geordneten Welt ausgegangen (**Haltung des Optimismus**).
- Die Diskrepanz zwischen der verbesserungswürdigen historischen Wirklichkeit und dem geschichtsphilosophischen Ziel zu überwinden, wird als Aufgabe des Menschen angesehen (**Erziehungsgedanke**). Der Schriftsteller hat bei der Bewältigung dieser Aufgabe eine wichtige Rolle zu spielen (**Auffassung von der didaktischen Funktion der Literatur**).

3.2 Die literarische Epoche der Aufklärung

In einer Anmerkung der Vorrede zur ersten Auflage seiner ‚Kritik der reinen Vernunft‘ hat der Philosoph Immanuel Kant 1781 die Epoche der Aufklärung folgendermaßen charakterisiert:

Aufklärung = Zeitalter der Kritik

„Unser Zeitalter ist das eigentliche Zeitalter der Kritik, der sich alles unterwerfen muß. Religion, durch ihre Heiligkeit, und Gesetzgebung, durch ihre Majestät, wollen sich gemeiniglich derselben entziehen. Aber alsdann erregen sie gerechten Verdacht wider sich und können auf unverstellte Achtung nicht Anspruch machen, die die Vernunft nur demjenigen bewilligt, was ihre freie und öffentliche Prüfung hat aushalten können.“

Brisanz der Aufklärung: Alles muss sich vor der Vernunft bewähren

Das Zeitalter der Aufklärung ist dadurch gekennzeichnet, dass sich „alles“ der Kritik „unterwerfen muß“. Kirche und Staat werden als diejenigen Instanzen angeführt, die sich der Kritik besonders hartnäckig widersetzen. Der Aufbruch aus erstarrten, traditionellen, der Überprüfung bisher entzogenen Bindungen setzte in diesem Zeitalter in ganz Europa auf allen Lebensgebieten ein.

Philosophie und Wissenschaft

Englischer Empirismus und Sensualismus

Französischer Rationalismus

In England, wo es seit 1693 Pressefreiheit gab, lehrten die Philosophen John Locke und David Hume, dass der Mensch den größten Teil seiner Erkenntnisse aus der Erfahrung gewinne (**Empirismus**), die wiederum vor allem auf seinen Sinneswahrnehmungen beruhe (**Sensualismus**). Aus Frankreich kam die Auffassung, dass die Wahrheit dem Menschen vor allem in den Vernunftbegriffen gegeben sei (**Rationalismus**), wie sie in Logik und Mathematik entwickelt worden sind (Descartes). Beide Prinzipien waren die Grundlage des unvergleichlichen Fortschritts der Naturwissenschaften im 17. Jahrhundert gewesen: das Erfahrungsprinzip in der experimentellen Methode (Galilei) und das rationalistische Prinzip in der mathematischen Darstellung der Ergebnisse (Newton).

Religion

Deismus und ‚natürliche Religion‘

Abrücken von Offenbarung und Kirche

Leibniz' Lehre von der besten aller möglichen Welten

Im theologischen Denken führt der Rationalismus zu einer natürlichen Religion, die in der Vernunft das Maß aller Dinge gegeben sieht und wesentlich moralischen Inhalts ist *(Deismus)*. Danach ist Gott der Schöpfer der Welt, die sich nach seiner Vorsehung entwickelt, ohne dass es einer Offenbarung bedürfe. Man glaubt, dass der Mensch eines Tages fähig werde, das Gute um des Guten willen zu tun statt deshalb, weil ihm dafür Belohnungen im Jenseits in Aussicht gestellt sind. Da die Kirche aber eine Offenbarungsreligion verkündet, bedeutet der Deismus eine radikale Ablehnung ihres Herrschaftsanspruchs. Im Sinne der natürlichen Religion verband Gottfried Wilhelm Leibniz das neue naturwissenschaftliche Weltbild mit der religiösen Frage in seiner Lehre von der besten aller möglichen Welten (Theodizee = Rechtfertigung Gottes angesichts des Übels in der Welt). Sie besagt, dass die Wege Gottes für den Menschen nicht immer verständlich seien, doch Gottes Ziel in der Glückseligkeit des Menschen bestehe.

Politik und Gesellschaft

Der Untertan wird zum Bürger

Im absolutistischen Staat war der Mensch auf einen Binnenraum individueller Freiheit beschränkt. Solange der Hof den akademisch gebildeten und literarisch tätigen Bürger in Dienst nahm, behielt dieser Binnenraum seinen privaten Charakter. Im Lauf des 18. Jahrhunderts wurde er jedoch durch die Beschäftigung mit dem aufklärerischen Gedankengut zu einem Raum öffentlichen Diskurses neben und schließlich im Gegensatz zu der von der Obrigkeit kontrollierten Öffentlichkeit. Die Bildung verlagerte sich von den Höfen in die Bürgerhäuser. Hier wurde im bewussten Gegensatz zu der lockeren Moral, die bei Hofe herrschte, und zu den Intrigen, mit denen man dort Karriere machte, eine Ethik entwickelt, in der Wahrhaftigkeit, Treue und Mitleid als höchste Tugenden galten. Diese Ethik wurde nicht als Standesethik, sondern als Inbegriff der Menschlichkeit (Humanität) angesehen. Dahinter stand der Gedanke, dass es im Plan der göttlichen Vorsehung liege, die Menschen über alle Grenzen hinweg zum vorurteilslosen Umgang miteinander (Toleranz) und zum ‚ewigen Frieden' zu erziehen. Als das oberste Ziel dieser Vernunftethik galt die Erreichung der eigenen sittlichen Vollkommenheit im Einklang mit der Glückseligkeit der anderen Menschen. Als Weg zu diesem Ziel aber wurde die Aufklärung angesehen, wie sie Immanuel Kant 1783 als „Ausgang des Menschen aus seiner selbstverschuldeten Unmündigkeit" definiert hat. Da er unter Unmündigkeit „das Unvermögen" versteht, „sich seines Verstandes ohne Leitung eines anderen zu bedienen", ist Aufklärung also ein Programm, über alles nachzudenken und sich dabei gegen Bevormundung und Fremdbestimmung zu wehren. Dieses Nachdenken führte auch zu einer Kehre in der Auffassung vom Verhältnis zwischen Staat und Bürger. Während der Mensch im Barockzeitalter die Ordnung der Gesellschaft als vorgegeben akzeptierte und seine Rolle in ihr zu finden suchte, wird nun von der Frage ausgegangen, inwieweit ihm die Gesellschaft, in der er lebt, seine ihm als Mensch zustehenden Rechte, z. B. das Recht auf Gleichstellung, auf Unversehrtheit, auf Meinungsfreiheit, gewährt. Aufklärung hatte so das Streben nach politischer Emanzipation zur Folge, wie es in der Unabhängigkeitserklärung der 13 Vereinigten Staaten von Amerika auf der Kongresssitzung vom 4. 7. 1776 formuliert wurde:

Bürgerliche Vernunftethik gegenüber adliger Standesethik

Kants Definition von ‚Aufklärung'

Politische Emanzipation

Die Menschenrechte

Das Recht zur Selbstbefreiung aus despotischer Herrschaft

„Wenn aber eine lange Reihe von Mißbräuchen und Übergriffen, die stets das gleiche Ziel verfolgen, die Absicht erkennen läßt, die Menschen absolutem Despotismus zu unterwerfen, so ist es ihr Recht, ist es ihre Pflicht, eine solche Regierung zu beseitigen (...)."

3 Literatur

Literatur als Medium politischer Auseinandersetzung

Da dem Bürger noch die politischen Möglichkeiten fehlten, seine Ansprüche in direkter Auseinandersetzung mit dem herrschenden Regime zur Geltung zu bringen, artikulierte er sie auf literarische Weise, vor allem auf der Bühne des Theaters, das zwar noch vom Fürsten subventioniert wurde, sich nun jedoch allmählich vom Hoftheater zum Nationaltheater wandelte. Dieser Prozess lässt sich an der dichtungstheoretischen Fehde zwischen Gottsched und Lessing ablesen, aus der die neue Gattung des bürgerlichen Trauerspiels hervorging.

Von Gottsched zu Lessing

Gottsched vollzog mit seinem ‚Versuch einer kritischen Dichtkunst für die Deutschen' (1730) die Ablösung vom Barocktheater, indem er von zwei Prinzipien ausging. Einmal, „daß das innere Wesen der Poesie in einer Nachahmung der Natur bestehe", dass daher das Verhalten der dramatischen Figuren sich am „wirklichen Leben" auszurichten habe. Zweitens aber, dass der Dichter „sich einen moralischen Lehrsatz" auswählen wolle, „den er seinen Zuschauern auf eine sinnliche Art einprägen will", d.h. dass statt des Glaubens die Moral an erster Stelle zu stehen habe.

Gottsched schaut zurück, Lessing weist in die Zukunft

Während Gottsched eine Erneuerung der deutschen Bühne erstrebte, indem er die Auswüchse des Barocktheaters (Sprachschwulst, unglaubhafte Handlungen und Figuren, Hanswurst-Episoden, Improvisation des Textes) bekämpfte, wies Lessing in seiner Kritik an Gottsched in die Zukunft. Denn er schuf das bürgerliche Trauerspiel als Medium gesellschaftlicher Kritik und politischer Auseinandersetzung. Lessing beseitigte nämlich die Standesklausel, d.h. die Vorschrift, dass in der Tragödie nur Personen hohen Standes auftreten können. Für Lessing sind die "Großen dieser Welt" nur als **Menschen** von Interesse, ein König etwa als Gatte, Vater, Freund, eine Fürstin als Schwester, Freundin, Mutter.

Auch die „Großen dieser Welt" nur als Menschen von Interesse

Ein hoher Stand verleihe zwar dem Schicksal des Helden größere Dimensionen, wecke jedoch kein Mitleid. Jede gewaltsame Stilisierung wie die Trennung der Stände u.ä. verhindere die ‚Nachahmung der Natur', in der die Charaktere gemischt, die Stände im Umgang miteinander, die Sprachebenen wechselnd, Handlungen auf Örtlichkeiten und Zeitspannen verteilt sind. Deshalb setzt er der klassizistischen Tragödie, die Gottsched als Muster genommen hat, das Drama Shakespeares als Vorbild entgegen.

Mischung der dramatischen Elemente

Die moralische Wirkung des Theaters, die auch für Gottsched im Mittelpunkt des Interesses stand, wird nun von Lessing folgendermaßen definiert:

„Die Bestimmung der Tragödie ist diese: sie soll unsere Fähigkeit, Mitleid zu fühlen, erweitern. Sie soll uns nicht bloß lehren, gegen diesen oder jenen Unglücklichen Mitleid zu fühlen, sondern sie soll uns so weit fühlbar machen, daß uns der Unglückliche zu allen Zeiten und unter allen Gestalten rühren und für sich einnehmen muß (…) Der mitleidigste Mensch ist der beste Mensch, zu allen gesellschaftlichen Tugenden, zu allen Arten der Großmut der aufgelegteste. Wer uns also mitleidig macht, macht uns besser und tugendhafter, und das Trauerspiel, das jenes tut, tut auch dieses, oder – es tut jenes, um dieses tun zu können." (An Nicolai, 13. 11. 1756)

Wirkung der Tragödie ist die moralische Sensibilisierung dem Mitmenschen gegenüber

Um diese Wirkung zu erreichen, sind nach Lessings Meinung Schlüssigkeit der Handlung, Natürlichkeit der Charaktere und Folgerichtigkeit ihrer Beweggründe und Entscheidungen wichtiger als die Einhaltung der tradierten Regeln.

Überblick

- Die Aufklärung ist das „eigentliche **Zeitalter der Kritik**" (Kant), der sich nunmehr auch Kirche und Staat ausgesetzt sehen. Die traditionellen Bindungen lösen sich auf.
- Auf der Grundlage des **Empirismus** (experimentelle Methode) und des **Rationalismus** (Logik, Mathematik) beginnt der Siegeszug der modernen **Naturwissenschaften**.
- Eine **Vernunftreligion** (Deismus) tritt in Konkurrenz zu der von der Kirche verkündeten Offenbarungsreligion. Mit ihr ist der **Optimismus** verbunden, in der „besten aller möglichen Welten" zu leben (Leibniz).
- Das **Bürgertum** entwickelt ein neues Selbstverständnis (Vernunftethik ↔ adlige Standesethik). Es schafft sich in der **Literatur** eine **eigene Öffentlichkeit** (in Konkurrenz zur amtlichen Öffentlichkeit des absolutistischen Staates), in der es sich auf seine politischen Rechte (**Menschenrechte**; dazu gehört auch Widerstand gegen ungerechte Herrschaft) besinnt.
- Das **Theater** wird zum Medium dieser Selbstbesinnung. In seiner Kritik an Gottsched schafft Lessing das **‚bürgerliche Trauerspiel'**, mit dem er **Mitleid** erwecken und die Menschen moralisch bessern will.

3.3 Autoren

Pfarrerssöhne

Hauslehrerdasein

Lehrstuhl oder Fürstendienst

Die Autoren der Aufklärungsepoche sind fast alle **Pfarrerssöhne**, die neben anderen Fächern (Jura, Medizin) immer auch **Theologie** studierten. Auf dem Weg zu einer eigenen Existenz haben sie oft längere Zeit als **Hauslehrer** gewirkt. Eine dauernde materielle Lebenssicherung wurde entweder auf dem Lehrstuhl einer **Universität** oder aber im unmittelbaren **Fürstendienst** erreicht. Die Möglichkeit, als freier Schriftsteller zu existieren, war – wie das Beispiel Lessings zeigt – noch nicht gegeben.

Johann Christoph Gottsched (1700 – 1766), Pfarrerssohn, verließ wegen seiner Körpergröße seine Heimatstadt Königsberg, um den Werbern des Soldatenkönigs Friedrich Wilhelm I. zu entgehen. In Leipzig wurde er Professor für Philosophie und Dichtkunst und reformierte dort das deutsche Theater nach französischem Vorbild. Seine Frau, eine Arzttochter aus Danzig, war ihm geistig überlegen, ordnete sich aber seinen literarischen Zielen unter. Die ‚Gottschedin' war ebenfalls eine erfolgreiche Schriftstellerin.

Christian Fürchtegott Gellert (1715–1769), Pfarrerssohn aus Leipzig, nach Studium der Theologie, Philosophie und Literatur zunächst Hauslehrer, dann Professor für Poesie und Rhetorik, später auch für Moral.

Gotthold Ephraim Lessing (1729–1781), Pfarrerssohn aus Sachsen, studierte Theologie und Medizin und versuchte als Übersetzer und freier Schriftsteller zu leben, was zu ausgedehnter Redakteurs- und Rezensententätigkeit führte. Im Siebenjährigen Krieg wurde er Sekretär des preußischen Generalgouverneurs von Schlesien. Dann bewarb er sich bei Friedrich II. um die Leitung der Königlichen Bibliothek, wurde aber abgewiesen. Schließlich begab er sich 1770 in den Dienst des Herzogs von Braunschweig als Bibliothekar in Wolfenbüttel, konnte aber mit dem Gehalt, das ihm sein Fürst zahlte, kaum leben und kam nie aus den Schulden heraus.

Christoph Martin Wieland (1733–1813), Pfarrerssohn aus Biberach/Württemberg, nach pietistischer Erziehung und Studium zunächst Hauslehrer, dann Kanzleidirektor in Biberach, endlich Professor für Philosophie in Erfurt. Die Herzogin Anna Amalia von Sachsen-Weimar berief ihn 1772 als Erzieher ihrer Söhne, verschaffte ihm den Titel als Hofrat und eine Pension.

Ch. M. Wieland. Kohlezeichnung von Anton Graff. Um 1794

3.4 Werke

Gottsched: Versuch einer kritischen Dichtkunst für die Deutschen (1730), theoretische Grundlage seiner Theaterreform, die er 1727–1741 im Bündnis mit der Neuberin, der Leiterin einer Schauspieltruppe, durchführte.

Gellert: Fabeln und Erzählungen (1746–48), eines der beliebtesten und meistgelesenen Bücher der Aufklärung.

Wieland: Geschichte des Agathon (1766 f.), Vorläufer des Entwicklungs- oder Bildungsromans, d. h. jener Gattung, die die psychologisch folgerichtige Entfaltung eines Menschen aus seinen Anlagen und Erfahrungen schildert, aufgrund derer er in mannigfachen Auseinandersetzungen mit seiner gesellschaftlichen Umwelt zur harmonischen Persönlichkeit heranreift (vgl. Goethes ‚Wilhelm Meister').

Lessings überragende Bedeutung

Es sind Werk und Persönlichkeit **Lessings**, die die Aufklärungsepoche in der literarischen **Rezeption** und auch im Literaturunterricht der Schule lebendig halten. Als Kritiker trug er entscheidend zur Entwicklung der Dichtungslehre und Ästhetik des 18. Jahrhunderts bei. Als Dramatiker gelang ihm die Schaffung eines deutschen bürgerlichen Schauspiels, das seine englischen und französischen Vorbilder übertraf. Als theologischer Schriftsteller begründete er die moderne Religionsphilosophie. Als einer der Ersten versuchte er die Existenz eines ‚freien Schriftstellers' zu führen. Der Versuch scheiterte, weil das Bürgertum weder ökonomisch noch politisch in der Lage war, eine solche Existenz zu ermöglichen, wie es in England und Frankreich bereits der Fall war. Doch hat kein anderer Autor die publizistischen Medien im Bereich der neu gebildeten ‚bürgerlichen Öffentlichkeit' unter teilweiser Umgehung der Zensur so konsequent und wirksam zur Aufklärung seines Zeitalters zu nutzen verstanden.

17. Literaturbrief:

Kritik an Gottsched

In diesem berühmtesten der von Lessing verfassten Beiträge zu den von Friedrich Nicolai herausgegebenen ‚Briefen, die neueste Literatur betreffend' wird Gottscheds Dramenpoetik scharf kritisiert und gegenüber seiner Verehrung des klassizistischen französischen Dramas die These vertreten, dass Shakespeare der antiken Dichtung viel näher stehe als die Franzosen (1759). Vgl. auch Hamburgische Dramaturgie 75. Stück (19. 1. 1768)!

3

Ein ernsthaftes Lustspiel zeigt versöhnlich, aber nicht unkritisch die Misere der Untertanen nach dem Krieg der Fürsten

Minna von Barnhelm oder Das Soldatenglück,

Lustspiel (1767):
Im Siebenjährigen Krieg (1756–63) stand Sachsen auf der Seite Österreichs und wurde von den Preußen besetzt. Einer ihrer Offiziere streckte einer besetzten Stadt aus eigenen Mitteln die Kriegskontribution vor. Diese Tat fand die Bewunderung eines sächsischen Edelfräuleins. Die beiden verlobten sich. Nach dem Krieg wurde Major von Tellheim abgedankt und der Kollaboration verdächtigt. Da er auch verarmt war, meinte er, seiner Braut Minna von Barnhelm nicht mehr würdig zu sein, und kehrte nach Berlin zurück. Minna aber reiste ihm nach und überzeugte ihn davon, dass ihre Liebe wichtiger sei als sein übertriebener Ehrenstandpunkt. Minnas Ring-Intrige entspricht noch den Kunstmitteln der klassizistischen Komödie, doch sind die Figuren nicht mehr als Typen, sondern als Charaktere gezeichnet. Auch in der Thematik wird das Muster überwunden, da der Inhalt eng an die historische Situation gebunden ist: „Die Anmut und Liebenswürdigkeit der Sächsinnen überwindet den Wert, die Würde, den Starrsinn der Preußen“, wie Goethe in ‚Dichtung und Wahrheit‘ (7. Buch) bemerkt.

Charakterkomödie

Kupferstiche von Daniel Chodowiecki zu Lessings „Minna von Barnhelm“. 1770

Emilia Galotti, bürgerliches Trauerspiel (1772):

Aufklärung über die politischen Zustände unter dem Absolutismus

Lessings Quelle ist eine Erzählung des römischen Historikers Livius (III, 44–48) von Virginia, die von ihrem Vater getötet wurde, damit sie nicht ein Opfer der Zudringlichkeit des damals regierenden Appius Claudius werde. Der Tat folgte ein Volksaufstand, der zur Vertreibung des Tyrannen führte. Der politische Rahmen entfällt hier. Die Handlung wird in das zeitgenössische Italien verlegt. Der Prinz von Guastalla lässt den Grafen Appiani ermorden und dessen Verlobte Emilia auf sein Lustschloss bringen. Emilia, die nicht ganz sicher ist, ob sie den Verführungskünsten des Prinzen standhalten würde, bittet den Vater, dass er sie töte und so ihre Ehre bewahre. Die Gräfin Orsina, die frühere Geliebte des Prinzen, hatte Galotti den Dolch in die Hand gegeben (IV, 7), damit er den Verführer töten könne. Doch dieser wagt es nicht, den Einbruch des Fürsten in seine Privatsphäre und dessen Missachtung der bürgerlichen Tugend zu rächen. Er meint, es bleibe nur der Weg, dem fürstlichen Begehren den Gegenstand seiner Lust wegzunehmen. So tötet er seine Tochter statt des Prinzen. Die Unschuldigen sterben in diesem Stück, die Schuldigen bleiben am Leben. So wird die Ungerechtigkeit des Machthabers und seiner Helfer herausgestellt und dadurch ‚Aufklärung' über das absolutistische Herrschaftssystem geleistet.

„Emilia Galotti". Stahlstich

Die Erziehung des Menschengeschlechts (1780):

Begründung einer ‚natürlichen' Religion

In den 100 Paragraphen dieser Schrift beruft sich Lessing auf die Lehre des Zisterziensermönchs Joachim von Fiore, der im 12. Jahrhundert nach dem Zeitalter des Vaters (Altes Testament) und des Sohnes (Neues Testament) ein Zeitalter des Heiligen Geistes erwartete. Ähnlich nimmt Lessing an, dass der durch die göttliche Vorsehung geleitete Erziehungsprozess die Menschheit von der geoffenbarten Religion, deren Lehre inzwischen konfessionell erstarrt sei, zur Vernunftwahrheit führen werde, welche dem Menschen eine natürliche Religion bringen werde, aufgrund deren er das Gute um des Guten willen tun werde. Diese Schrift gibt sozusagen Lessings eigene Interpretation des Nathan-Dramas.

Zusammenfassung: Aufklärung

Themen:
Toleranzgebot, Humanitätsidee, kritische Überprüfung der traditionellen Antworten,
Spannung zwischen bürgerlicher Moral und adliger Standesethik,
Vernunftreligion in Konkurrenz zur kirchlichen Offenbarungsreligion,
Nachdenken über den absolutistischen Staat und die Menschenrechte.

Gattungen:
Überzeugung von der didaktischen Aufgabe der Literatur; dominierende Gattung das Drama; lehrhafte Kleinformen (Fabel, Beispielerzählung, Lehrgedicht); bedeutende Lehrschriften zu literarischen und religiösen Problemen.

Literarische Technik:
Lessing behält für das Drama Gottscheds Fünfaktschema bei, wählt aber den Blankvers (reimloser Fünftakter) oder Prosa statt des Alexandriners für die Figurenrede.
Der Vers kann auf mehrere Sprecher verteilt sein, d. h. es wird nicht mehr deklamiert, sondern man spricht miteinander.
Die Sprache hält sich (im Gegensatz zum barocken Redeschmuck) auf einer mittleren Stilebene, soll für jedermann verständlich sein.

Autoren:
Johann Christoph Gottsched
Gotthold Ephraim Lessing
Christian Fürchtegott Gellert
Christoph Martin Wieland

Werke:
Johann Christoph Gottsched, Versuch einer kritischen Dichtkunst für die Deutschen
Christian Fürchtegott Gellert, Fabeln und Erzählungen
Christoph Martin Wieland, Geschichte des Agathon (Bildungsroman)

Werke von Gotthold Ephraim Lessing:
Dramen: Emilia Galotti (Bürgerliches Trauerspiel), Minna von Barnhelm (Lustspiel), Nathan der Weise (Dramatisches Gedicht)
Theoretische Schriften: Briefe, die neueste Literatur betreffend, Hamburgische Dramaturgie, Die Erziehung des Menschengeschlechts

Sturm und Drang (1767 – 1785)

4

Kritik an der Aufklärung

Gefühl

Empfindsamkeit

Natur

Volk und Geschichte

Genie

Individualität

Grabenheim bei Wetzlar, Goethes „Walheim". Nach einer Zeichnung von Carl Stuhl.

„So vertraulich, so heimlich hab' ich nicht leicht ein Plätzchen gefunden, und dahin lass' ich mein Tischchen aus dem Wirtshause bringen und meinen Stuhl, trinke meinen Kaffee da, und lese meinen Homer."
(Werther, am 26. Mai 1771)

4.1 Goethes Briefroman ,Die Leiden des jungen Werther' (1774)

Ein europäischer ,Bestseller' des 18. Jhs.

Der ,Werther' war Goethes größter Bucherfolg. Die Erstfassung von 1774 erreichte bis 1790 dreißig, die Zweitfassung von 1787 bis zu seinem Tode fünfundzwanzig Auflagen. 1775 wurde das Buch ins Französische, 1779 ins Englische, 1781 ins Italienische übersetzt. Überall in Europa kannte man Goethe als Verfasser des ,Werther'. Dieser Erfolg beruhte darauf, dass Goethe hier dem Lebensgefühl einer ganzen Generation Ausdruck gegeben hat:

Eine gescheiterte Existenz als Romanheld

In der Rolle des Ich-Erzählers schüttet der Briefschreiber, ein junger literarisch gebildeter und künstlerisch interessierter Mann, dem Leser sein Herz aus. Er scheitert mit der Kraft seiner Gefühle und der Leidenschaft seiner Empfindungen an dem Widerstand, den die Welt ihm entgegensetzt. Er lebt in keiner dauerhaften Beziehung, die ihn trägt und hält, sondern ist ganz allein mit seiner hoffnungslosen Liebe zu einer Frau, die einem anderen gehört. Nachdem er auch beruflich gescheitert ist, vermag er keinen anderen Sinn in seinem Leben mehr zu entdecken als diese Liebe und geht angesichts ihrer Hoffnungslosigkeit freiwillig aus der Welt.

Überwindung einer eigenen Lebenskrise durch literarische Gestaltung

Von besonderer Bedeutung ist der Umstand, dass hier ein Autor sich aus einer eigenen Lebenskrise dadurch befreit hat, dass er sie literarisch gestaltete. Ein Zeugnis unter anderen: Als der Sohn eines Freundes Selbstmord begangen hatte, schrieb Goethe an ihn, um ihn seines Mitgefühls zu versichern, folgende Worte:

„Wenn das ,taedium vitae' (lat. = Lebensüberdruss) den Menschen ergreift, so ist er nur zu bedauern, nicht zu schelten. Daß alle Symptome dieser wunderlichen, so natürlichen als unnatürlichen Krankheit auch einmal mein Innerstes durchrast haben, daran läßt ,Werther' wohl niemand zweifeln. Ich weiß recht gut, was es mich für Entschlüsse und Anstrengungen kostete, damals den Wellen des Todes zu entkommen (...)." (Am 3. 12. 1812 an Karl Friedrich Zelter)

Sprache des Herzens statt Sprache der Vernunft

Zu den „Anstrengungen“, von denen im Brief die Rede ist, gehört auch die bewusste literarische Gestaltung seines Krankheitserlebens, d. h. seine Bewältigung durch Dichtkunst. Eines ihrer Mittel ist eine neue Sprache der Leidenschaft mit zahlreichen Wiederholungen, Ausdruckshäufungen, Ellipsen (griech. = Auslassung), Steigerungen usw. Ein Beispiel aus dem Abschiedsbrief Werthers an Lotte:

„Jetzt noch mein, dein! dein, o Geliebte! Und einen Augenblick – getrennt, geschieden – vielleicht auf ewig? – Nein, Lotte, nein – Wie kann ich vergehen? Wie kannst du vergehen? Wir sind ja! – Vergehen! – (...) Tot, Lotte, eingescharrt der kalten Erde, so eng! so finster! – (...) Ich stürzte neben das Grab hin – ergriffen, erschüttert, geängstet, zerrissen mein Innerstes, aber ich wußte nicht, wie mir geschah – wie mir geschehen wird – Sterben! Grab! Ich verstehe die Worte nicht!“

Die Sprache der Leidenschaft als Element eines literarischen Konzepts

Die Erregtheit Werthers, die der Autor zum Ausdruck bringen will, spiegelt sich in der Häufung von Gedankenstrichen. Doch ist diese Passage Teil einer wohl überlegten Komposition, die auf der Einteilung in zwei Bücher beruht, die einander in einer Fülle von Details entsprechen:

Gegenüberstellung von Entsprechungen als Kompositionsprinzip

Während im ersten Buch, das von der Jugend- und Glücksphase Werthers handelt, die Ich-Erzählsituation vorherrscht, ist das zweite Buch um die auktoriale Perspektive eines Herausgeberberichts erweitert, in der Werthers Schicksal als Krankengeschichte erscheint. So wird die Geschichte zuerst von innen und dann von außen erzählt. Während die Handlung zunächst gelassen dahergeht, nimmt sie an Tempo immer mehr zu, um schließlich – nach dem Ritardando der Ossian-Einlage – in die Katastrophe herabzustürzen. Der einleitende Teil des ersten Buches zeigt Werthers Gegensatz zur bürgerlichen Welt, der des zweiten Buches sein Versagen im höfischen Dienst. Damit wird der andere Strang der Erzählung deutlich, der neben der Liebeshandlung herläuft.

Auch die **Nebenfiguren** folgen diesem Kompositionsprinzip. Die Frau mit den Kindern, die Werther zeichnet, ist im ersten Buch Teil einer ländlichen Idylle (26./27.5.1771), im zweiten, nachdem eins der Kinder gestorben und ihr Mann zum Bettler geworden ist, ein Exempel menschlichen Unglücks (4.8.1772). Der treuherzige Bauernbursche, dessen reine Liebe Werther im ersten Buch bewundert (30.5.1771), wird im zweiten Buch zum Mörder.

Johann Wolfgang von Goethe.
Kupferstich von J. G. Saiter.
Frankfurt 1773

Auch bei den **Dingen** gibt es Veränderungen. So sind die Nussbäume vor dem Haus des Landpfarrers, deren Geschichte im ersten Buch erzählt wird (1.7.1771), im zweiten von der neuen Herrin, bei der alles nach Vernunft geht, gefällt worden (15.9.1772).

Auch die **Natur**, in der Werther seine Empfindungen widergespiegelt findet, nimmt an dieser Veränderung teil. Im ersten Buch, das unter dem Zeichen des Frühlings steht, fühlt Werther die Natur vom „Alliebenden" durchwaltet (10.5.1771), im zweiten ist Herbst und Werther erlebt sie bei Unwetter als „fürchterliches Schauspiel" (12.12.1772).

Schließlich wechseln auch die **literarischen Anspielungen**. Im ersten Buch wird auf Homer (13.5.1771) und Klopstock Bezug genommen, im zweiten auf den düsteren Ossian, den von Macpherson (1736–1796) erfundenen Barden, und schließlich auf Lessings ‚Emilia Galotti'.

Anteilnahme und Distanz

Durch diese literarische Technik wird die Geschichte immer in der Schwebe zwischen tiefer Anteilnahme an einem problematischen Menschen und kühler Diagnostik gehalten, werden die Einzelheiten zur Aussage von Werthers Weltsicht und zum Krankheitssymptom zugleich.

Diese Weltsicht, die Goethe selber geteilt und von der er sich durch ihre literarische Darstellung zugleich distanziert hatte, wird an vielen Stellen des ‚Werther' zur Sprache gebracht, z. B. in dem Brief vom 26.5.1771:

Eine Schlüsselstelle für die Weltsicht des ‚Sturm und Drang'

„Ungefähr eine Stunde von der Stadt liegt ein Ort, den sie Wahlheim nennen. Die Lage an einem Hügel ist sehr interessant, und wenn man oben auf dem Fußpfade zum Dorf herausgeht, übersieht man auf einmal das ganze Tal. Eine gute Wirtin, die gefällig und munter in ihrem Alter ist, schenkt Wein, Bier, Kaffee; und was über alles geht, sind zwei Linden, die mit ihren ausgebreiteten Ästen den kleinen Platz vor der Kirche bedecken, der ringsum mit Bauernhäusern, Scheuern und Höfen eingeschlossen ist. So vertraulich, so heimlich hab' ich nicht leicht ein Plätzchen gefunden, und dahin lass' ich mein Tischchen aus dem Wirtshause bringen und meinen Stuhl, trinke meinen Kaffee da, und lese meinen Homer. Das erstemal, als ich durch einen Zufall an einem schönen Nachmittage unter die Linden kam, fand ich das Plätzchen so einsam. Es war alles im Felde; nur ein Knabe von ungefähr vier Jahren saß an der Erde und hielt ein anderes, etwa halbjähriges, vor ihm zwischen seinen Füßen sitzendes Kind mit beiden Armen wider seine Brust, so daß er ihm zu einer Art von Sessel diente, und ungeachtet der Munterkeit, womit er aus seinen schwarzen Augen herumschaute, ganz ruhig saß. Mich vergnügte der Anblick: ich setzte mich auf einen Pflug, der gegenüber stand, und zeichnete die brüderliche Stellung mit vielem Ergetzen. Ich fügte den nächsten Zaun, ein Scheunentor und einige gebrochene Wagenräder bei, alles wie es hinter einander stand, und fand nach Verlauf einer Stunde, daß ich eine wohlgeordnete, sehr interessante Zeichnung verfertigt hatte, ohne das mindeste von dem Meinen hinzuzutun. Das bestärkte mich in meinem Vorsatze, mich künftig allein an die Natur zu halten. Sie allein ist unendlich reich und sie allein bildet den großen Künstler. Man kann zum Vorteile der Regeln viel sagen, ungefähr was man zum Lobe der bürgerlichen Gesellschaft sagen kann. Ein Mensch, der sich nach ihnen bildet, wird nie etwas Abgeschmacktes und Schlechtes hervorbringen, wie einer, der sich durch Gesetze und Wohlstand modeln läßt, nie ein unerträglicher Nachbar, nie ein merkwürdiger Bösewicht werden kann; dagegen wird aber auch alle Regel, man rede was man wolle, das wahre Gefühl von Natur und den wahren Ausdruck derselben zerstören! Sag' du: ‚Das ist zu hart! sie schränkt nur ein, beschneidet die geilen Reben' etc. – Guter Freund, soll ich dir ein Gleichnis geben? Es ist damit wie mit der Liebe. Ein junges Herz hängt ganz an einem Mädchen, bringt alle Stunden seines Tages bei ihr zu, verschwendet alle seine Kräfte, all sein Vermögen, um ihr jeden Augenblick auszudrücken, daß er sich ganz ihr hingibt. Und käme da ein Philister, ein Mann, der in einem öffentlichen Amte steht, und sagte zu ihm: ‚Feiner junger Herr! Lieben ist menschlich, nur müßt Ihr menschlich lieben! Teilet Eure Stunden ein, die einen zur Arbeit, und die Erholungsstunden widmet Eurem Mädchen. Berechnet Euer Vermögen, und was Euch von Eurer Notdurft übrig bleibt, davon verwehr' ich Euch nicht, ihr ein Geschenk, nur nicht zu oft, zu machen, etwa zu ihrem Geburts- und Namenstage' etc. – Folgt der Mensch, so gibt's einen brauchbaren jungen Menschen, und ich will selbst jedem Fürsten raten, ihn in ein Kollegium zu setzen; nur mit seiner Liebe ist's am Ende, und wenn er ein Künstler ist, mit seiner Kunst. O meine Freunde! warum der Strom des Genies so selten ausbricht, so selten in hohen Fluten hereinbraust, und eure staunende Seele erschüttert? – Liebe Freunde, da wohnen die gelassenen Herren auf beiden Seiten des Ufers, denen ihre Gartenhäuschen, Tulpenbeete und Krautfelder zugrunde gehen würden, die daher in Zeiten mit Dämmen und Ableiten der künftig drohenden Gefahr abzuwehren wissen."

4

Die einzelnen Elemente dieser Weltsicht

Goethe kennzeichnet hier die Weltsicht der ‚Sturm-und-Drang-Generation' durch folgende Merkmale:

Thematik

- durch die **Themen** Freundschaft, Liebe und Familie, die den Werten des gesellschaftlichen Lebens in der Stadt entgegengesetzt werden,

Liebeserlebnis

- durch eine neue, gefühlsbetonte, die Fesseln bürgerlicher Vernunftethik sprengende Erlebnisweise der **Liebe** (40–55),

Verhältnis zur Natur

- durch eine bis dahin unbekannte, auf Einfühlung beruhende Erfahrung der **Natur**, wozu auch die Idealisierung der patriarchalischen Welt gehört, wie sie Werther auf dem Lande erlebt,

Keine Regeln für den Dichter!

- durch ein dem Regelwerk der herrschenden Lehre zuwiderlaufendes Verständnis von **Kunst und Literatur** (27–38),

Kritik an der Gesellschaft

- durch eine heftige **Kritik an** den Zuständen **der Gesellschaft** und die Bewertung gesellschaftlicher Pflichten als Einengung der individuellen Entfaltungsmöglichkeiten (47–63),

„Strom des Genies" statt Nützlichkeitsethik

- durch das Leitbild vom „Strom des Genies" (56), dem der Mensch bei seiner **Selbstverwirklichung** zu folgen habe und womit er die „staunende Seele" seiner Mitmenschen „erschüttert" (58), statt sich nach ihrer Nützlichkeitsmoral zu einem „brauchbaren jungen Menschen" zu entwickeln (53).

Gefahr einer Zerstörung der Ordnung

Zugleich legt der Autor dem Briefschreiber einen Hinweis auf die negativen Seiten dieser Weltsicht in den Mund, wenn dieser von der „drohenden Gefahr" spricht, die solche Selbstverwirklichung mit sich bringt. Denn sie kann zur **Zerstörung jeglicher menschlichen Ordnung**, nämlich zur Überschwemmung der „Gartenhäuschen, Tulpenbeete und Krautfelder" führen (58–63).

Monologische Verwendung der Form des Briefromans der ‚Empfindsamkeit'

Werthers Tragik

Die Form des Briefromans übernahm Goethe aus der Literatur der ‚Empfindsamkeit', die ihren Namen dem Roman ‚Sentimental Journey' von Laurence Sterne (1768) verdankt. Diese hatte sich gegen die einseitige Hochschätzung des Verstandes durch viele Aufklärer gewandt, indem sie Naturschwärmerei und Gefühlsseligkeit dagegensetzte. Das Muster des empfindsamen Romans, in dem sich die Briefpartner dialogisch auseinander setzen, wendete Goethe monologisch, führte einen auktorialen Erzähler ein und gewann so eine Möglichkeit, aus Werther eine tragische Figur zu machen. Denn entscheidend ist ja für den Sinn der ganzen Geschichte nicht der Umstand, dass Lotte verheiratet ist, sondern dass Werther die Liebe zu etwas Absolutem macht. Die Tragik liegt darin, dass Werthers Größe zugleich auch seine Krankheit ist. Weil ihm die Liebe alles bedeutet, bedeutet ihre Nichterfüllbarkeit für ihn das Nichts, den Tod. Den Tod aber sieht er als eine Möglichkeit des Menschen an, der Unfreiheit zu entgehen:

„Und dann, so eingeschränkt er ist, hält er doch immer im Herzen das süße Gefühl der Freiheit, und daß er diesen Kerker verlassen kann, wann er will.“ (22.5.1771)

Insofern Werthers Freitod ihm die Lösung erspart, sich mit seiner Liebe irgendwie zu arrangieren, und ihm die Möglichkeit gibt, sie absolut zu setzen, ist seine Tat nicht mit der eines gewöhnlichen Lebensmüden zu verwechseln, sondern kann sie aus dem Bereich des Unglücks in den der Tragik gehoben werden. Um diesen inneren Zusammenhang darzustellen, war für Goethe die monologische Form des Briefromans geeigneter als die des Dramas.

Überblick

- Menschliche **Beziehungen im kleinen Kreis** (Freundschaft, Liebe, Familie) und einfache **Lebensverhältnisse** auf dem **Lande** werden dem **gesellschaftlichen Leben** in der **Stadt** und bei **Hofe** gegenübergestellt.
- **Berufliche Pflichten** sowie Rücksicht auf Standesunterschiede werden als **Einengung der individuellen Entfaltungsmöglichkeiten** erlebt. Der **Freitod** erscheint als **letzter Ausweg** aus dem „Kerker“ des Lebens.
- **Künstlerische Tätigkeit** wird **nicht** als **Anwendung erlernter Regeln** angesehen, sondern durch den „Strom des **Genies**“ erklärt, das sich an der **Natur** orientiert.
  Die Gefahr wird angedeutet, die in der Verabsolutierung einer Seite dieser Gegensätze (Selbstverwirklichung, Ausleben des Genies, Freiheit von Standespflichten) liegt.
- Werthers **Tragik** besteht darin, dass die **Unerfüllbarkeit seiner Liebe** ihm nur den **Freitod als Alternative** lässt. Die Darstellung dieser Tragik wird durch die **monologische Wendung** der Gattung des empfindsamen Briefromans und die **Einführung eines auktorialen Erzählers** möglich.

4.2 Die literarische Epoche des ‚Sturm und Drang'

Goethes Begegnung mit Herder

Die literarische Bewegung, die durch die Begegnung des jungen Goethe mit dem nur fünf Jahre älteren Herder 1770/71 in Straßburg den entscheidenden Anstoß bekam, wurde später nach dem Titel eines Dramas von Klinger ‚Sturm und Drang' genannt. In ihr wenden junge Künstler die kritische Fähigkeit, welche die Aufklärung in den Gebildeten und literarisch Schaffenden ihrer Zeit geweckt hatte, gegen die Aufklärung selbst. Dadurch wurden die Positionen der Aufklärung in vier Bereichen korrigiert.

Der neue Naturbegriff

Naturbegriff als Symbol für die Harmonie aller Dinge und Wesen

Rousseau weist auf Widersprüche hin

Einengung durch Regeln und Traditionen ist unnatürlich

Für die bürgerlichen Philosophen und Schriftsteller der Aufklärung war der Naturbegriff das Symbol für die verborgene Harmonie, die sie zwischen allen Bereichen der Wirklichkeit, geistigen wie materiellen, annahmen. Sie glaubten, jeder vernunftbegabte Mensch könne diese allgemeine Ordnung erkennen und sich in seinem Handeln nach ihren Regeln richten. Gegen den naiven Optimismus, der in dieser Auffassung enthalten war, wandte sich Jean-Jacques Rousseau (1712–1778) mit dem Hinweis auf die Widersprüche, die allenthalben festzustellen seien. So könne man zwar eine allgemeine Ordnung im Bereich der Naturgesetzlichkeiten beobachten, wie sie die Physik erforscht hat, doch erweise sich die menschliche Gesellschaft als unharmonisch, ungerecht und unvernünftig. Ging die Aufklärung davon aus, dass sich der Mensch zunehmend vervollkommnen werde, wenn er der Vernunft, d. h. der Stimme der Natur, folge, so kehrt Rousseau dieses Verhältnis in das Gegenteil um: Der Mensch sei als natürliches Wesen gut, schlecht und unnatürlich sei die Gesellschaft. Das Vernunftprinzip fordere deshalb eine Rückkehr in den natürlichen, vorgesellschaftlichen Zustand, also die Abwendung von der Unvernunft der vielen Vorschriften, Regeln und Traditionen, die überall die freie Entfaltung des Menschen behinderten.

Die Auffassung vom Künstler als ‚Genie'

Der Künstler soll der Natur, nicht der Tradition folgen

Während im Barock und in der Aufklärung das Dichten als eine lern- und lehrbare Kunst galt, die nach Regeln vorgeht und sich nach Vorbildern, vor allem aus der antiken Literatur, richtet, wird sie nun als eine Sache der schöpferischen Eigenständigkeit angesehen. Regeln und Vorbilder habe zwar derjenige nötig, der dichten wolle, dem aber das ‚Genie' fehle, für den wahren Dichter seien sie Hindernisse seines Schöpferdranges. Dem nach den Regeln der Kunst arbeitenden gelehrten Dichter stellt Johann Gottfried Herder (1744–1803) das Genie entgegen, das nach den Gesetzen der Natur schafft, d. h. in dessen Dichtung „Seele und Mund in den festen Bund gebracht" sind, welcher „Sicherheit und Festigkeit des Ausdrucks" ermöglicht. In der Literatur seiner Zeit beklagt Herder, dass „die Kunst kam und die Natur auslöschte".

Einengung durch Regeln und Traditionen ist unvernünftig

Wie Rousseau den natürlichen Menschen für gut hält und das Übel mit der Kultur und der Gesellschaft beginnen lässt, so preist Herder den spontanen poetischen Einfall und erkennt in literarischer Tradition und Ausbildung den Verfall echten Künstlertums. Auch hier erfolgt eine begriffliche Umkehrung: Die Vernunft gebiete, eine natürliche Entwicklung der ‚genialen' Begabung zu ermöglichen, Unvernunft aber sei es, sie dem Druck der Regeln und Traditionen auszusetzen.

Der Sinn für Geschichte

Verstand ↔ ganze Seele

Gelehrter Dichter ↔ Genie

Lineares Geschichtsmodell ↔ Eigenrecht der Zeiten und Völker

Herder setzte nicht nur der einseitigen Hochschätzung des zergliedernden Verstandes einen Vernunftbegriff entgegen, der die „ganze Seele" des Menschen, Herz, Gefühl, Empfindung, mit umfasst, er ersetzte nicht nur den Typus des gelehrten Dichters durch das Ideal des schöpferischen ‚Genies'. Er stellte auch dem linearen Entwicklungsmodell der Aufklärer, nach dem Gottes Vorsehung den Menschen eine „Bahn" führe, „auf welcher das Geschlecht zu seiner Vollkommenheit gelangt" (Lessing: Die Erziehung des Menschengeschlechts § 93), ein Geschichtsbild entgegen, in dem jeder Nation und jeder Stufe der Kultur ihr eigenes Recht gelassen wird. Von dieser Auffassung aus gewinnt Herder ein neues Verständnis der griechischen Dichtung (Homer) gegenüber der römischen, der nordischen Literatur (Ossian, Shakespeare) gegenüber der romanischen, der Volkspoesie (Volkslieder) gegenüber Werken, die nach den Vorschriften der Poetik verfasst wurden.

Das Wort ‚Volk'

Das Wort ‚Volk' wird von den jungen Schriftstellern der ‚Sturm-und-Drang-Generation' mit Ehrfurcht und Begeisterung verwendet, worin sich auch eine Distanzierung von der ‚galanten' höfischen Literatur und der kosmopolitischen Orientierung des Adels ausdrückt. Als Beispiel für den „Kinderton" der Volksdichtung führt Herder das Lied „Sah ein Knab' ein Röslein stehn" an, das Goethe 1771 in Straßburg nachdichtet. Im gleichen Jahr übernimmt er auch die Shakespeare-Begeisterung seines Lehrmeisters Herder, wenn er in seiner Rede ‚Zum Shakespeares Tag' die innere Form seiner Stücke folgendermaßen charakterisiert:

Shakespeare-Begeisterung

Goethes Charakterisierung der inneren Form der Stücke Shakespeares

„Shakespeares Theater ist ein schöner Raritätenkasten, in dem die Geschichte der Welt vor unsern Augen an dem unsichtbaren Faden der Zeit vorbeirollt. Seine Pläne sind, nach dem gemeinen Stil zu reden, keine Pläne, aber seine Stücke drehen sich alle um den geheimen Punkt (...), in dem das Eigentümliche unseres Ichs, die prätendierte Freiheit unseres Wollens, mit dem notwendigen Gang des Ganzen zusammenstößt (...)."

Bürgerlicher Individualismus

Wenn Herder lehrt, dass jede Zeit und jedes Volk seine Besonderheiten hat, so ist das auch gegen den Alleinanspruch der Hofkultur des Absolutismus gerichtet. Wenn die Epochen und Nationen im Ganzen der Geschichte ihren Eigenwert haben, so auch das Bürgertum innerhalb der ständischen Gesellschaft. Wie im Wirtschaftsleben der einzelne Unternehmer sich zu behaupten wusste, so trat im Bereich künstlerischer und literarischer Tätigkeit das Individuum mit dem Anspruch schöpferischer Eigenständigkeit aus den traditionellen Bindungen heraus. Der Mensch in seiner Individualität – das ist der Schritt über das Menschenbild der Aufklärung hinaus – ist auch das literarische Thema des ‚Sturm und Drang'. So geht es im ‚Urfaust' um individuellen Erkenntnisdrang, im ‚Werther' um das Streben des Individuums nach Selbstverwirklichung, im ‚Götz' um individuelle Selbstbehauptung im geschichtlichen Wandel, in den Dramen von Lenz um die Entwürdigung des Individuums. Diese Thematik ist Anzeichen für das Erwachen bürgerlichen Selbstbewusstseins, das sich zunächst nur literarisch artikulieren kann.

Eigenwert der Epochen, Völker und Individuen gegen Anspruch der Hofkultur betont

Individuum als literarisches Thema der Epoche

Überblick

Junge Schriftsteller, die im Sinn der Aufklärung gebildet waren, erweiterten kritisch deren Positionen. Sie betonten vor allem,

- dass der Optimismus, mit dem man an eine harmonische Ordnung der Welt glaubte, die **Widersprüche in der Gesellschaft** verharmlose, durch die eine **freie Entfaltung der Menschen** behindert werde,
- dass Künstler aufgrund **schöpferischer Eigenständigkeit** (‚Genie‘) schaffen, durch Tradition und Regeln aber behindert würden,
- dass die Geschichte nicht einen linearen Prozess menschlicher Vervollkommnung darstelle, vielmehr **die einzelnen Epochen und Völker einen Eigenwert hätten** und
- dass auch jeder Stand und der einzelne Mensch einen eigenen Wert hätten und der **Sinn des Lebens in der freien Entfaltung der Individualität** liege.

4.3 Autoren

Zwei Kreise: Um Goethe in Straßburg und Frankfurt, in Schwaben um Schiller

Im ‚Sturm und Drang‘ lassen sich zwei Zentren unterscheiden. In Straßburg und Frankfurt sammelte sich eine Gruppe um den jungen Goethe, die stark von Herder beeinflusst wurde. In Schwaben bildete sich ein Kreis um den jungen Schiller. Während Goethe die Epoche in allen drei Gattungen repräsentierte (im Roman mit dem ‚Werther‘, in der Lyrik mit seinen Gedichten, die 1770/71 in Straßburg und 1772–75 in Frankfurt entstanden, im Drama mit dem ‚Götz‘ u. a.), ist bei den anderen Autoren die dramatische Gattung vorherrschend.

Nur Goethe vertritt alle drei Gattungen

Außer Goethe sind die Autoren der Epoche von niederer Herkunft

Abgesehen von Goethe, der als Patriziersohn aus einer freien Reichsstadt nie solche Ohnmachtserfahrungen gemacht hat, wie sie der Bürger in den deutschen Duodezfürstentümern kannte, waren die übrigen Autoren bescheidener Herkunft. Wenn sie typische Standeskonflikte der Zeit gestalten, so sprechen sie aus eigener Erfahrung. Sie sind fast alle um die Jahrhundertmitte geboren und erreichen – außer Goethe, der 82, und Herder, der 59 Jahre alt wird – kein hohes Alter. Schiller stirbt mit 46 an einer Lungenent-

Sie sind jung und sterben früh (mit Ausnahme von Goethe und Herder)

zündung, Lenz (1751–1792) erkrankt mit 26 an einer Schizophrenie und wird nur 41 Jahre alt.

Zu den Lebensdaten von Goethe und Schiller siehe das nächste Kapitel!

Goethe tritt Ende 1775 in den Dienst des Herzogs von Sachsen-Weimar und holt Herder und Schiller dorthin. Als Lenz mit seinen sozialen Reformideen in Weimar Unruhe hervorruft, sorgt er für dessen Ausweisung. Dabei waren die beiden in Straßburg so eng befreundet, dass der Dichter Schubart (1739–1791) in einer Rezension des ‚Hofmeister' von Lenz das Stück als eine „neue ganz eigentümliche Schöpfung unseres Shakespeare, des unsterblichen Dr. Goethe" bezeichnete.

Zukunftsweisende Bedeutung der Dramen von Lenz

Doch während Goethe und auch Schiller aus dieser Schaffensperiode des ‚Sturm und Drang' bald herausfanden, zerbrach Lenz an ihr. Andererseits aber war er seiner Zeit auch in einer Weise voraus, die Goethe nicht erkannte. Er nahm das soziale realistische Drama Büchners voraus, der in ihm seinen poetischen Lehrmeister sah. Beide wurden erst lange nach ihrem Tode aufgeführt, die ‚Soldaten' von Lenz z. B. 1863 in Wien, Büchners ‚Woyzeck' erst 1913 in München.

Leben von Lenz

Jakob Michael Reinhold Lenz, 1751–1792, Sohn eines Predigers aus dem Baltikum, studierte Theologie in Dorpat und Königsberg, Hofmeister in Straßburg, Begegnung mit Goethe und Herder, 1776 aus Weimar ausgewiesen, unruhiges Wanderleben, nach Erkrankung von der Familie nach Riga zurückgeholt, wieder Hofmeister, gestorben im Elend in Moskau.

Der etwa zwanzigjährige Schiller. Gemälde, das seinem Mitschüler Weckherlin zugeschrieben wird. Um 1780

J. M. R. Lenz (1751–1792). Zeichnung von Heinrich Pfenninger

4.4 Werke

Die Gattungen im ‚Sturm und Drang'

Dominierende Gattung im ‚Sturm und Drang' ist das **Drama**, weil in ihm gesellschaftliche Konfliktsituationen dargestellt werden können. Die Wahl der **Romanform** für den ‚Werther' durch Goethe bildet eine Ausnahme (s. S. 45). Von weitreichender Wirkung war Goethes Sturm-und-Drang-**Lyrik** als Prototyp der Erlebnislyrik.

Die Form, die die Sturm-und-Drang-Dramen kennzeichnet, hat Goethe in seiner Shakespeare-Rede (s. S. 48) erläutert. Es komme alles auf „den geheimen Punkt" an, an dem ein unverwechselbares Ich „mit dem notwendigen Gang des Ganzen zusammenstößt". Dieser ‚Zusammenstoß' kann, ohne Bindung an die Regeln der französischen Tragödie, in einer lockeren Szenenfolge gezeigt werden (offene, epische Form des Dramas):

J.W. von Goethe: Götz von Berlichingen mit der eisernen Hand. Ein Schauspiel (1773):

Götz, der volkstümliche Held gegen Weislingen, die ‚Hofschranze'

In der Gestalt des Ritter Götz, einer ‚Kraftnatur', einer urwüchsigen Persönlichkeit, wird der kraftlosen Gegenwart ein Muster an Freiheitsdrang, Treue und Aufrichtigkeit entgegengehalten. Während Götz die patriarchalische Welt des Mittelalters verkörpert, steht sein Jugendfreund Weislingen für die neue Ordnung des Absolutismus. Während man in Götz' Kreisen auf Treu und Glauben miteinander umgeht, zeichnet sich das Hofleben durch Intrige, Lüge und Wortbruch aus. Das spiegelt sich auch in dem Gegensatz der einfachen, derben und treuherzigen Sprache, wie sie auf Berlichingen üblich ist, und der eleganten, ironischen und mehrdeutigen Ausdrucksweise bei Hofe. Aus der bunten Kette der 56 Szenen, aus denen die fünf Akte bestehen und von denen manche nur einen kurzen Wortwechsel enthalten, lässt sich folgendes Handlungsgerüst erkennen:

Inhalt der Szenenfolge

Götz nimmt seinen Jugendfreund Weislingen, der in Diensten des Bamberger bischöflichen Hofes steht, gefangen. Er behandelt ihn großzügig, versöhnt sich mit ihm und verlobt ihm seine Schwester Maria. Doch Weislingen lässt sich wieder an den Hof locken, wo er der verführerischen Adelheid verfällt und sie heiratet. Als sie später die Ehe mit dem Kaiserenkel und Thronfolger erstrebt, wird sie ihn kaltblütig vergiften. Götz hat den Nürnbergern Fehde angekündigt, die seinen Reiterbuben schlecht behandelt haben. Er will ihre Kaufleute überfallen, die von der Messe heimkehren. Da erreicht Weislingen bei Kaiser Maximilian, dass über Götz die Reichsacht ausgesprochen wird. Reichstruppen werden auf ihn angesetzt, die ihn in Jagsthausen belagern. Nachdem man dort schon Mangel leidet, wird freier Abzug versprochen, doch das Wort gebrochen. Götz wird gefangen und nach Heilbronn gebracht, wo er vor den kaiserlichen Räten ‚Urfehde' schwören, d. h. von jeder Fehde in Zukunft absehen soll. Franz von Sickingen befreit ihn dort. Später wählen ihn die aufständischen Bauern zu ihrem Anführer. Als sie – entgegen ihrem Versprechen – sengen und morden, sagt er sich von ihnen los, wird aber verwundet und von Weislingens Häschern gefangen genommen. Im Gefängnis von Heilbronn erwartet er den Tod.

J.W. von Goethe: Urfaust

Auch der ‚Urfaust' ist ein Shakespeare-Drama

Auch die frühe Fassung des ‚Faust', die uns durch die Abschrift einer Weimarer Hofdame bekannt ist (‚Urfaust' 1774), trägt in ihrer lockeren Szenenfolge und ihrer Mischung aus tragischen und komischen Elementen das Gepräge des Vorbilds Shakespeare. Diese Fassung enthält zunächst Fausts großen Monolog, in dem er erlebt, wie sein Wissensdrang an die dem Menschen gesetzten Grenzen stößt; dann folgen Fausts Dialog mit seinem Famulus Wagner, Mephistos Schülergespräch mit der Universitätssatire, der Auftritt in Auerbachs Keller sowie die Gretchen-Tragödie bis zur Kerkerszene (ohne die Stimme „ist gerettet").

Wie bestehen Faust und Margarete den „notwendigen Gang des Ganzen"?

Auch hier dreht sich alles „um den geheimen Punkt", in dem „das Eigentümliche" einer bestimmten Person mit ihrer Willensfreiheit auf den „notwendigen Gang des Ganzen" trifft, wie Goethe es in seiner Rede ‚Zum Shakespeares Tag' ausgedrückt hat. Den Konflikt, der durch dieses Zusammentreffen entsteht, bestehen die beiden Hauptfiguren, Faust und Margarete, in unterschiedlicher Weise. Faust, der als Erkennender an die Grenzen stößt, die dem Menschen gesetzt sind, zeigt als Handelnder in seiner Schwäche und tatenlosen Sehnsucht eine ähnliche Begrenztheit. So vermag er nur, die Harmonie, in der Margarete mit ihrer Umwelt lebt, zu zerstören, nicht aber, eine andere sinnvolle Beziehung an ihre Stelle zu setzen. Margarete dagegen fügt sich mit ihrem Willen in den „notwendigen Gang des Ganzen", d. h. in die Konsequenzen, die dieses historisch bedingte und durchaus kritisierbare „Ganze" der kleinbürgerlichen Lebenswelt von ihr fordert, nachdem sie gegen die geltenden Regeln gehandelt hat.

Fausts Antwort auf die ‚Gretchenfrage'

Zu Anfang hatte sie in der Katechisierungsszene mit der so genannten ‚Gretchenfrage' versucht, Klarheit über den Standpunkt ihres Geliebten zu erhalten („Wie hast du's mit der Religion?"):

Wer darf ihn nennen?
Und wer bekennen:
Ich glaub ihn?
Wer empfinden
Und sich unterwinden
Zu sagen: ich glaub ihn nicht?
Der Allumfasser,
Der Allerhalter,
Faßt und erhält er nicht
Dich, mich, sich selbst?

Fausts und Werthers Religiosität

Fausts Antwort unterscheidet sich kaum von der Art und Weise, in der Werther seine religiösen Gefühle äußert:

„Wenn ich das Wimmeln der kleinen Welt zwischen Halmen die unzähligen unergründlichen Gestalten der Würmchen, der Mückchen näher an meinem Herzen fühle, und fühle die Gegenwart des Allmächtigen, der uns nach seinem Bilde schuf, das Wehen des Alliebenden, der uns in ewiger Wonne schwebend trägt und erhält (...)." (10.5.1771)

Fausts und Werthers Vorstellungen vom „notwendigen Gang des Ganzen" sind wenig fasslich und reichen nicht aus, einen festen Platz in diesem ‚Ganzen' einzunehmen.

Friedrich Schiller: Die Räuber. Ein Schauspiel (1781):

Wirkung der Uraufführung der ‚Räuber'

Am 13. Januar 1782 wurde das Stück, das nach dem Muster Shakespeares in 15 Szenen an verschiedenen Orten spielt, mit großem Erfolg in Mannheim uraufgeführt. „Es war eine allgemeine Auflösung wie ein Chaos, aus dessen Nebeln eine neue Schöpfung hervorbricht (...)", heißt es in einem Bericht über das Bühnenereignis.

Ablauf der Handlung

Die Fabel geht folgendermaßen: Karl, der ältere Sohn des Grafen von Moor, hat als Student in Leipzig Verfehlungen begangen, für die er den Vater brieflich um Vergebung bittet. Sein Bruder Franz legt dem Vater aber gefälschte Briefe vor, die von Straffälligkeit und steckbrieflicher Verfolgung des Bruders berichten. Karl wird enterbt. Daraufhin bildet er mit gescheiterten Studenten eine

Räuberbande. Man schwört sich gegenseitig Treue und Gefolgschaft bis zum Tod. Um an das Erbe zu kommen, fingiert Franz eine Meldung vom Tod seines Bruders. Der Vater bricht zusammen, wird von Franz in einen Turm gesperrt. Dieser wirbt auch – allerdings erfolglos – um Amalia, die Braut seines Bruders. Als Karl von diesen Vorgängen erfährt, schwört er Rache und zieht mit seiner Bande zum väterlichen Schloss. Franz sieht sein Spiel verloren und begeht Selbstmord. Karls Hoffnung, das Erbe antreten und mit Amalia ein neues Leben beginnen zu können, wird jedoch zunichte, als die Räuber ihn an seinen Eid erinnern. So tötet er seine Braut auf deren eigenen Wunsch und stellt sich anschließend dem Gericht. Die auf seine Ergreifung gesetzte Belohnung wendet er einem kinderreichen Tagelöhner zu: „Dem Manne kann geholfen werden“, sind die letzten Worte des Stücks.

‚Sturm und Drang‘ und Aufklärung gehören zusammen

In Sprache, Dramenform und Thematik sind die ‚Räuber‘ ein Sturm-und-Drang-Stück, in der Lösung der Konflikte zeigt sich aufklärerisches Denken. Doch wird dieses auch zugleich in Frage gestellt:

Generationskonflikt, Bruderkonflikt und Liebesrivalität

In dem Drama sind dreierlei Konflikte miteinander verbunden, der Generationskonflikt (Motiv des verlorenen Sohnes: Ev. Luk. 5,11–32), der Bruderkonflikt (Geschichte von Kain und Abel: AT Gen 4,1–16) und die Liebesrivalität zwischen den Brüdern. Dieses Problemgeflecht wird in ein Verständnis- und Bewertungsmuster hineingestellt, in dem die Konflikte – ganz dem Interesse des aufgeklärten Jahrhunderts entsprechend – als Kampf zwischen Tugend und Laster erscheinen. Es wird im Drama ein moralisches Gericht abgehalten. Die bewahrte Tugend garantiert nach diesem Verständnis- und Bewertungsmuster die Ordnung der Welt. Sollte sie gestört worden sein, muss sie durch Tugend wiederhergestellt werden. Die aufklärerische Überzeugung vom sittlichen Bau der Welt, von der durch Natur und Vernunft gleichermaßen bestimmten Ordnung der Dinge, wird von Schiller beibehalten. Doch teilt er nicht mehr den Optimismus der Aufklärer, in der besten aller Welten zu Hause zu sein. Vielmehr sind für ihn Tugend und Laster ineinander verwickelt: Karl und Franz haben das Motiv der Rache aus ungerechtfertigter Zurücksetzung gemeinsam. Zudem erscheint der eigentlich Lasterhafte, Franz, zuerst als tugendhaft, während der wahre Tugendheld, Karl, zuerst zum Räuber und Mörder wird. Dadurch ist das traditionelle Schema von Gut und Böse durchbrochen.

Kampf zwischen Tugend und Laster

Absage an das Vaterprinzip in der Politik

Auf der einen Seite bleibt Schiller dem aufklärerischen Tugendbegriff verpflichtet, auf der anderen Seite schreibt er ein Empörerdrama, in dem die Vaterautorität in Frage gestellt wird. Darin spiegelt sich der Konflikt mit seinem Landesvater, dem Herzog von Württemberg, und dessen Gottesgnadentum, d. h. seiner Rolle als Stellvertreter des christlichen Vatergotts. Schiller rebelliert hier gegen das Vaterprinzip als staatliches Prinzip und gibt damit einen Vorklang der Französischen Revolution, in der das Vaterprinzip durch das Prinzip der Volkssouveränität ersetzt wird.

Friedrich Schiller: Kabale und Liebe. Ein bürgerliches Trauerspiel (1784):

Dramatischer Prozess in das Innere der Figur verlegt

In dem (zunächst ‚Luise Millerin' genannten) Stück versucht Schiller, zeittypische Themen und Probleme der bürgerlichen Welt auf die Bühne zu bringen. In den ‚Räubern' wurde der dramatische Konflikt noch als Widerspruch zwischen Personen behandelt, die sich in ihrer Gegensätzlichkeit scharf umrissen gegenüberstehen. Hier hat Schiller den dramatischen Prozess konsequent in das Innere einer Person verlegt. In der Gestalt der Luise Miller stellt sich das Bürgertum selbst in Frage, in seiner Verwundbarkeit, aber auch in seiner Stärke:

Inhaltlicher Aufbau des Stücks

Der Präsidentensohn Ferdinand von Walter hat beim Stadtmusikus Miller Flötenstunden genommen und sich in dessen Tochter Luise verliebt, die sein Gefühl erwidert. Ferdinands Vater jedoch, der seine Stelle finsteren Machenschaften verdankt, will sich den Herzog dadurch verpflichten, dass er seinen Sohn mit dessen Mätresse Lady Milford verheiratet. Als er nun bei Ferdinand auf Widerstand stößt, will er die Familie Miller unschädlich machen, besinnt sich aber, als ihm sein Sohn droht, der Öffentlichkeit bekannt zu machen, wie er die Präsidentenwürde erlangt habe. Hier nun tritt Sekretär Wurm, der selbst ein Auge auf Luise geworfen hat, ein Mitwisser des Präsidenten, mit einem teuflischen Plan in Aktion. Er zwingt Luise unter Androhung der Bestrafung ihrer Eltern, einen von ihm diktierten Brief zu schreiben, der den Beweis ihrer Untreue enthält. Der Brief wird Ferdinand in die Hände gespielt und tut seine Wirkung. Es kommt zur Szene zwischen den Liebenden, bei der sich Luise an die Abmachung mit Wurm hält und weiter die Untreue spielt. Da beschließt Ferdinand, sie zu töten, und gießt Gift in die bereitstehende Limonade, von der beide trinken. Im Beisein der Väter erfolgt angesichts des Todes die Aufklärung der Intrige. Der Sohn verzeiht dem Vater, der sich dem Gericht stellt.

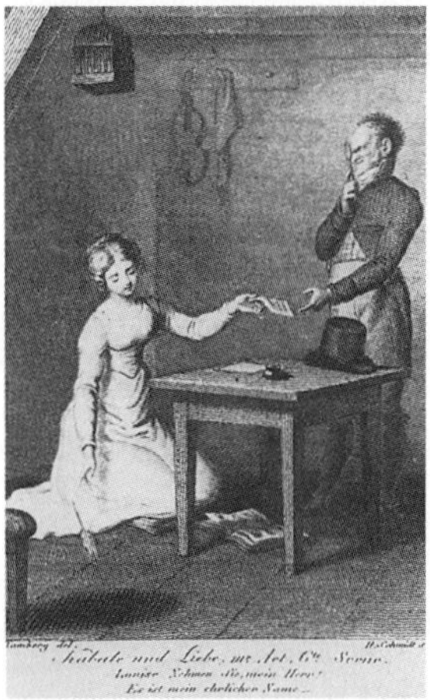

Schiller: „Kabale und Liebe". Kupferstich aus der „Minerva", 1819, von J. H. Ramberg

Starker Einfluss von Lessings ‚Emilia Galotti': Parallelfiguren Luise/Emilia, Ferdinand/Appiani, Miller/Odoardo, Wurm/Marinelli, Lady Milford/Gräfin Orsina

Auch hier spielt der Generationenkonflikt eine entscheidende Rolle: Beide Väter greifen in die Liebeserwartungen der Kinder in der Überzeugung ein, dass diese Eingriffe zum Besten der Kinder geschehen. Der Präsident denkt an die gesellschaftliche Karriere seines Sohnes, der Musikus Miller ist um die Tugend und den guten Ruf seiner Tochter besorgt. Schiller gelingt es, ein Privatgeschehen (die Liebe zwischen Luise und Ferdinand) mit den allgemeinen gesellschaftlichen Verhältnissen (der Spannung zwischen Adel und Bürgertum) so zu verbinden, dass sich im Einzelfall die Probleme eines ganzen Zeitalters spiegeln. Durch diese Probleme ist die Krise innerhalb der Liebesbeziehung bedingt. Denn beide, Luise wie Ferdinand, sind in einem Maße fremdbestimmt, dass sie am Widerspruch zwischen der ihnen zugemuteten Rolle und ihren eigenen Lebenswünschen scheitern müssen. Die Fremdbestimmung durch die Väter erweist sich als stärker im Vergleich zu der neuen, selbstbestimmten Liebeswahl. In diesem Sinn der Unmöglichkeit einer Selbstbestimmung wird das Drama zu einer Tragödie der Aufklärung. Das wird mit Hilfe der Gegenfigur der Lady Milford verdeutlicht, die als Einzelgängerin das Ideal der Selbstbestimmung verkörpert, weil sie sich aus den von ihr als unzumutbar erkannten Beziehungen zu lösen versteht. Eine solche Möglichkeit sieht Schiller in England gegeben, nicht jedoch in Deutschland.

Konflikt durch fehlende Selbstbestimmung bedingt

Jakob Michael Reinhold Lenz: Der Hofmeister oder Vorteile der Privaterziehung. Eine Komödie (1774):
Dank der Bearbeitung durch Bertolt Brecht ist dieses Stück 1950 wieder auf die deutsche Bühne gelangt. Als frühestes Beispiel einer Sozialkomödie mit grotesken Zügen, an dem sich z. B. Georg Büchner orientiert hat, ist es von der traditionellen Literaturgeschichte lange ignoriert worden. Das Stück behandelt die Geschichte des Hauslehrers Läuffer, eines aus ärmlichen Verhältnissen stammenden Predigersohnes, der bei einer kleinen Adelsfamilie angestellt wird. Von seinem Arbeitgeber kurz gehalten und gedemütigt, verführt er die Tochter des Hauses, die von ihm schwanger wird und bei einer alten Frau Unterschlupf findet. Läuffer flieht aus Angst vor den Folgen zu einem Dorfschulmeister, wo er jedoch entdeckt, von seinem Arbeitgeber angeschossen und mit einem Schmerzensgeld beruhigt wird. Um nicht wieder in solche Situationen zu geraten, entmannt Läuffer sich selbst.

Sozialkomödie mit grotesken Zügen

Inhalt des Stücks

Im Gegensatz zu dem Dichter, der in seinem Stück die gesellschaftlichen Verhältnisse durchleuchtet, durchschauen seine Figuren diese Verhältnisse nicht, sondern finden sich damit ab. Der groteske Schluss, der diese Verhältnisse als unannehmbar erweisen soll, besteht aus einer Reihe von Heiraten: Die uneheliche Mutter bekommt ihren Vetter zum Mann, dessen Kommilitone heiratet das von ihm verführte Mädchen, der Hauslehrer aber erhält eine Bauernmagd zur Frau, die sich an seinem Zustand nicht stößt. Der Sohn von Läuffers früherem Dienstherrn aber beschließt das Stück mit den Worten: „Wenigstens, mein süßer Junge, werd' ich dich nie durch Hofmeister erziehen lassen!"

Die Figuren durchschauen die Verhältnisse nicht, die der Dichter dem Publikum vor Augen führt

Brechts Bearbeitung

Brecht spitzt das zentrale Thema des Stücks zu und vereinfacht seine Darstellung, sodass die Sozialkritik verschärft wird. Er zeigt, dass Läuffer nicht nur ausgebeutet wird, sondern sich selbst ausbeutet. Es ist die Selbstkastrierung der bürgerlichen deutschen Intellektuellen, die „nicht nur die Revolution anderer Völker, sondern auch ihr eigenes Privatleben nur ‚im Geiste erleben'" (B. Brecht in den Anmerkungen zu seiner Bearbeitung).

Goethes Lyrik der ‚Sturm-und-Drang-Periode' (1770–75):
Mit der Lyrik, die Goethe Anfang der 70er Jahre in Straßburg und Frankfurt geschaffen hat, beginnt ein neuer Abschnitt in der Literaturgeschichte:
- Willkommen und Abschied („Es schlug mein Herz geschwind zu Pferde!" 1770)
- Mailied („Wie herrlich leuchtet mir die Natur!" 1771)
- Mahomets Gesang („Seht den Felsenquell, freudehell, wie ein Sternenblick!" 1772)
- Prometheus („Bedecke deinen Himmel, Zeus, mit Wolkendunst und übe, dem Knaben gleich, der Disteln köpft, an Eichen dich und Bergeshöhn!" 1773)
- Ganymed („Wie im Morgenglanze du rings mich anglühst, Frühling, Geliebter!" 1773)

Erlebnislyrik

Diese Lyrik gibt dem Drang nach Selbstverwirklichung, nach Tätigkeit und nach lebendiger Natur- und Liebeserfahrung Ausdruck. Wer diesen Drang erlebt, dem werden natürlich die Grenzen, die dem Menschen in dieser Zeit durch das absolutistische Gesellschaftssystem mit seinen Standesschranken gesetzt sind, besonders deutlich. So lässt sich die Prometheus-Ode durchaus als ‚Antityrannenlyrik' lesen, wie man ja auch Schillers ‚Räuber' als ‚Antityrannendrama' aufgefasst hat. Die Themen, welche diese Lyrik bestimmen, sind das Erlebnis der **Liebe**, in dem die Empfindung nicht nur dem Du der Geliebten gilt, sondern das All der Natur mit umfasst, die neue Erfahrung der **Natur**, die als ständig und in Fülle wirkend aufgefasst wird, und das Gefühl der **eigenen Kraft**, die sich im poetischen Schaffensakt ihrer selbst gewiss und in der Prometheus-Gestalt symbolisiert wird.

Das Prometheus-Symbol

Themen von Goethes ‚Sturm-und-Drang'-Lyrik

Distanz zur gesellschaftlichen Wirklichkeit der Zeit

In dieser Lyrik ist die damalige gesellschaftliche Wirklichkeit ausgeklammert. Der Dichter zielt in seinem Drang nach Selbstverwirklichung und Selbstbestätigung weit über seinen Lebenskreis hinaus. Er gestaltet das eine Prinzip der aufgeklärten bürgerlichen Gesellschaft, die individuelle Selbstbestimmung, der in der historischen Wirklichkeit noch viele Hindernisse im Wege stehen, im Bereich des Fiktiven, d.h. in der Dichtung.

Zusammenfassung: Sturm und Drang

Themen:

Spannung zwischen kleinen Sozialkreisen (Freundschaft, Liebe, Familie), patriarchalischer Lebensweise, Naturnähe und ländlicher Umgebung auf der einen und Stadtleben, Hofdienst, Berufspflichten auf der anderen Seite.
Konflikt zwischen Hofadel und Bürgertum.
Der autonome Künstler, der dem ‚Genie' folgt statt der Regel, als Vorbild individueller Eigenständigkeit.
Spannung zwischen Drang nach Selbstverwirklichung und Einengung durch das Alltagsleben
Tod als Ausweg aus dem „Kerker" des Lebens.

Gattungen:

Der ‚Werther'-Roman sowie Goethes 'Sturm-und-Drang'-Lyrik bleiben singulär. Führende Gattung ist das Drama.

Literarische Technik:

Im ‚Werther' **monologische Wendung des empfindsamen Briefromans**. Einführung eines auktorialen Erzählers. **Sprache des Gefühlsausdrucks** (Interjektionen, unvollständige Sätze, Gedankenstriche, Wiederholungen, Ellipsen). Individuelle Gefühlsaussage in Liebes- und Naturlyrik, Hymnen in freien Rhythmen.
Offene Form des Dramas nach dem Muster Shakespeares.

Autoren:

Johann Wolfgang von Goethe
Friedrich Schiller
Jakob Michael Reinhold Lenz
Angeregt durch: Johann Gottfried Herder und Jean-Jacques Rousseau

Werke:

Dramen
Johann Wolfgang von Goethe: Götz, Urfaust
Friedrich Schiller: Die Räuber, Kabale und Liebe
Jakob Michael Reinhold Lenz: Der Hofmeister

Weimarer Klassik (1786 – 1805)

5

Goethe-Schiller-Denkmal von 1857 in Weimar

Humanität

Menschlichkeit

Antikes Griechentum als Lebensmuster

Ästhetische Erziehung

Das Schöne als Symbol des Guten

Maß und Form

'Schöne Seele'

Kunst als 'Reich des Ideals'

„Dass man uns in unsern Arbeiten verwechselt, ist mir sehr angenehm; es zeigt, dass wir immer mehr die Manier los werden und ins allgemeine Gute übergehen."
(Goethe an Schiller, 26. 12. 1795)

5

5.1 Goethe ‚Das Göttliche' (1783)

Goethes Gedichte ‚Prometheus', ‚Ganymed', ‚Grenzen der Menschheit' und ‚Das Göttliche' zeigen den Weg vom ‚Sturm und Drang' zur Klassik

Goethes Weg vom ‚Sturm und Drang' zur Klassik wird an der Gedichtfolge erkennbar, die er für eine Werkausgabe angeordnet hatte: Zwei Hymnen sollten den Reigen eröffnen, ‚Prometheus' (1773), in dessen Empörerhaltung das Selbstbild des schöpferischen Genies Ausdruck findet, und ‚Ganymed' (1774), dessen Emporstreben keine Grenzen kennt. Dann folgt die Ode ‚Grenzen der Menschheit' (1781), in der die ‚Sturm-und-Drang'-Haltung zurückgenommen wird. Denn nun heißt es:

Ablösung von der eigenen ‚Sturm-und-Drang'-Periode

Denn mit Göttern
Soll sich nicht messen
Irgend ein Mensch (...) (11–13)

Neue Einschätzung von Leben und Tod

Damit ist ein Ablösungsprozess vom Sturm und Drang markiert, der sich auch in der Einschätzung des Todes zeigt. Während im Sturm und Drang das Leben als Kerker und der Tod als Weg in die Freiheit angesehen wird, wird nun die Endlichkeit als Wesensmerkmal des Menschen akzeptiert:

Was unterscheidet
Götter von Menschen?
Daß viele Wellen
Vor jenen wandeln,
Ein ewiger Strom:
Uns hebt die Welle,
Verschlingt die Welle,
Und wir versinken (...) (29–36)

Begrenztheit des menschlichen Daseins

Positive Wendung im vierten Gedicht

Mit der Erkenntnis, dass der Wirkungskreis des Menschen begrenzt ist, nimmt Goethe Abschied von seiner ‚Sturm-und-Drang'-Periode. Als viertes Gedicht sah er ‚Das Göttliche' (1783) vor, in dem davon die Rede ist, wie der Mensch seinen eingegrenzten Wirkungskreis ausfüllen soll:

Edel sei der Mensch,
hilfreich und gut!
Denn das allein
unterscheidet ihn
von allen Wesen,
die wir kennen.

Heil den unbekannten
höhern Wesen,
die wir ahnen!
Ihnen gleiche der Mensch!
Sein Beispiel lehr' uns
jene glauben.

Denn unfühlend
ist die Natur:
Es leuchtet die Sonne
über Bös' und Gute,
und dem Verbrecher
glänzen wie dem Besten
der Mond und die Sterne.

Wind und Ströme,
Donner und Hagel
rauschen ihren Weg
und ergreifen
vorübereilend
einen um den andern.

Auch so das Glück
tappt unter die Menge,
faßt bald des Knaben
lockige Unschuld,
bald auch den kahlen
schuldigen Scheitel.

Nach ewigen, ehrnen,
großen Gesetzen
müssen wir alle
unseres Daseins
Kreise vollenden.

Nur allein der Mensch
vermag das Unmögliche
Er unterscheidet,
wählet und richtet;
er kann dem Augenblick
Dauer verleihen.

Er allein darf
den Guten lohnen,
den Bösen strafen,
heilen und retten,
alles Irrende, Schweifende
nützlich verbinden.

Und wir verehren
die Unsterblichen,
als wären sie Menschen,
täten im großen,
was der Beste im kleinen
tut oder möchte.

Der edle Mensch
sei hilfreich und gut!
Unermüdet schaff' er
das Nützliche, Rechte,
sei uns ein Vorbild
jener geahneten Wesen!

Johann Wolfgang von Goethe, Weimar 1808

Das Gedicht von den ‚Grenzen der Menschheit' gleichsam weiterführend, fordert der Sprecher dieses Gedichts den Menschen auf, sich seiner Möglichkeiten bewusst zu werden und innerhalb der gesteckten Grenzen seine Freiheit zum sittlichen Handeln zu benutzen, d.h. „edel (...), hilfreich und gut" zu sein. Damit bringt das Gedicht das klassische Ideal des autonomen, sich selbst bestimmenden Menschen zur Geltung, das die Erkenntnis von gesetzmäßigen Grenzen einschließt. Es fordert ‚humanes' Verhalten, fordert ‚Humanität', wie man im 18. Jahrhundert sagte.

Was macht den Menschen zum Menschen?

Gruß an die Götter

Der Mensch als Naturwesen und als moralische Person

Was den Menschen vor allen Lebewesen auszeichnet

Spruchhaft setzt das Gedicht mit dieser Forderung ein (1/2), begründet sie aber auf überraschende Weise. Nicht Sprache, aufrechter Gang oder verlängertes Jugendstadium unterscheiden den Menschen vom Tier, sondern allein die sittlichen Eigenschaften konstituieren den Menschen als Menschen (3–6). Unvermittelt folgt in der zweiten Strophe der Gruß an die „unbekannten höheren Wesen" (7/8), d.h. die Götter. Und in einer erstaunlichen Wendung geht dieser Gruß in die Aufforderung über, im sittlichen Handeln den Göttern zu ‚gleichen' (10–12). Als moralisches Wesen gehört der Mensch also einer höheren Welt an. Als natürliches Wesen ist er aber ohne Rücksicht auf seine ethischen Qualitäten den Einwirkungen der „unfühlenden Natur" (13–25) und dem Zufall (26–31) ausgesetzt. „Ewige, ehrne" Gesetze bestimmen sein „Dasein" (32–36). Im Unterschied zu allen anderen Lebewesen jedoch – so heißt es weiter – „vermag" der Mensch „das Unmögliche" (37/38), d.h. etwas, was in der Natur nicht vorgesehen ist. Dazu gehört die Fähigkeit der Unterscheidung von Gut und Böse sowie die damit verbundene Richterfunktion (43–45), das Vermögen, Leid zu mindern und dem Mitmenschen Hilfe zu leisten (46), die Gabe, Einzelnes in eine Ordnung zu bringen, d.h. Sinn zu stiften (47/48). Diese Begabungen des Menschen lenken, weil sie die Natur übersteigen, den Blick auf übernatürliche Wesen, die man sich nach dem Modell eines sittlich handelnden Menschen vorstellt (49–54). Damit kehrt der Schluss des Gedichts an den Anfang zurück:

Edel sei der Mensch, hilfreich und gut! (1/2)	Der edle Mensch sei hilfreich und gut! (55/6)
Ihnen gleiche der Mensch! (10)	sei uns ein Vorbild jener geahneten Wesen! (59 f.)

Hauptthema der Klassik: Versöhnung von Natur und Freiheit

Goethes Gang nach Weimar in den Staatsdienst

Mit diesem Gedicht wird das zentrale Thema der Klassik angeschlagen, der Konflikt zwischen Erde und Himmel, Trieb und Geist, Natur und Freiheit, Leben und Ideal. Die Frage lautet, wie man sie versöhnen, d.h. wie man als Mensch in Freiheit sittlich handeln kann, ohne die eigene Natur zu vergewaltigen. Goethe ist auf anderem Wege zu diesem Thema gekommen als Schiller. Wenn sich die Inhalte seiner Lyrik seit seinen ‚Sturm-und-Drang'-Jahren so gewandelt haben, so spiegelt sich darin eine Veränderung der äußeren Lebensumstände. Goethe war 1775 der Einladung des Herzogs von Sachsen-Weimar gefolgt und als Regierungsmitglied, ab 1779 mit Ministerrang, in dessen Dienst getreten. Damit begann für ihn ein völlig neues Leben, das ihn zwang, sich täglich an den widrigen Verhältnissen des Alltags abzuarbeiten, wie sie sich für den Menschen durch die Zwänge der „unfühlenden Natur“ (13/14) und die „Gesetze (…) unseres Daseins“ (33–35) ergeben. Er musste sich ‚von Amts wegen‘ mit den sozialen Problemen und den ökonomischen Fragen des kleinen Fürstentums beschäftigen. Karl August, der Herzog, wollte mit Goethes Hilfe in Weimar einen für seine Zeit modernen Staat entwickeln.

Zwang der Alltagsarbeit am ‚natürlichen‘ Menschen

Schiller hatte – wie viele junge Leute – die Revolution als Beginn einer neuen Zeit begrüßt, war als Autor des Dramas ‚Die Räuber‘ noch 1792 vom Konvent der Französischen Republik zum Ehrenbürger ernannt worden. Doch sah er unter dem Eindruck der Hinrichtung Königs Ludwig XVI. und des Terrorregimes von Robespierre (1793) diese Revolution als gescheitert an, weil sie „unter gewaltsamer Aufhebung aller bisherigen Ordnungen“ dem „natürlichen Menschen“ mit seiner Selbstsucht und Gewalttätigkeit den Staat überlassen habe, statt ihn zu einer Sache des „moralischen Menschen“ zu machen. In seinem Lehrgedicht ‚Das Ideal und das Leben‘ (1795) bestimmt er die Position des Menschen zwischen Natur und Freiheit als Situation zwischen Olymp, dem Sitz der Götter, und Orkus, dem Reich des Todes, und beschreibt den Olymp als „des Ideales Reich“ (30), in dem der Mensch „frei von jeder Zeitgewalt“ (23) ist und dem „engen, dumpfen Leben“ (29) entfliehen kann. Dieses Reich wird als „der Schönheit Sphäre“ (81) definiert, „wo die reinen Formen wohnen“ (122), d. h. wo die Kunst zu Hause ist und der Tod keine Macht hat und der Mensch daher die „Angst des Irdischen“ (28) überwinden kann. Im ‚Schönen‘ aber nimmt das ‚Gute‘ „Gestalt“ (26) an, sodass der Mensch durch die Kunst zur Moral erzogen wird. Daher fordert der Dichter:

Schillers Auseinandersetzung mit der Französischen Revolution

Revolution muss Sache des ‚moralischen‘, nicht des ‚natürlichen‘ Menschen sein

Der Mensch zwischen Hades und Olymp

Aber flüchtet aus der Sinne Schranken
In die Freiheit der Gedanken,
Und die Furchterscheinung ist entflohn,
Und der ew'ge Abgrund wird sich füllen;
Nehmt die Gottheit auf in euren Willen,
Und sie steigt von ihrem Weltenthron…

Die sittlichen Gebote in den eigenen Willen aufnehmen

Unterschied zwischen Schiller und Goethe

Diese ‚ästhetische Erziehung' stellt sich Schiller so vor: Indem der Mensch sich in „der Schönheit Sphäre" (81) erhebt, nimmt er deren „Gestalt" (26) in seinen „Willen" (105) auf und wird dadurch zur **moralischen Selbstbestimmung** fähig. Der Unterschied zu Goethe wird deutlich: Während Schiller „Ideal" (30) und „Leben" (45) durch einen „Abgrund" (104) getrennt sieht, verbindet Goethe die beiden Welten. Denn er sieht im ‚guten Menschen' ein „Vorbild jener geahnten Wesen" (Das Göttliche 59/60), ein Symbol der moralischen Selbstbestimmung mitten in Leben.

Überblick

Das Menschenbild der Weimarer Klassik

Das Bild, das in diesen Gedichten vom Menschen gezeichnet wird, hat folgende Eigenschaften:

- Der Mensch nimmt in der Seinsordnung eine **Mittelstellung** ein. Er hat durch seinen Geist an der „Gottheit", durch seine Natur an der „Tierheit" teil.
- Die **sittlichen Eigenschaften**, d.h. die Möglichkeit, „edel, hilfreich und gut" zu sein, und die **geistigen Fähigkeiten** der Unterscheidung von Gut und Böse, des Urteilens, des Ordnens und der Sinnstiftung unterscheiden den Menschen vom Tier.
- Der Mensch **verfehlt sein Wesen**, wenn er sich dem Naturtrieb unterwirft („Angst des Irdischen"), aber auch dann, wenn er sich „mit Göttern" misst.
- Der Mensch gewinnt **Freiheit und Selbstbestimmung** dadurch, dass er die moralischen Gebote in den eigenen Willen aufnimmt, d.h. wenn er auch will, was er muss.
- Durch sein ethisches Handeln gibt der Mensch ein **Zeugnis dafür, dass es höhere Wesen, ‚Götter', gibt**.
- Tod und Naturkräfte gebieten nur über den Körper, während **der Geist**, der sich „in des Ideales Reich" erhebt, **„frei von jeder Zeitgewalt"** ist. Dort ist der Mensch als moralisches Wesen zu Hause.

5.2 Die literarische Epoche der Weimarer Klassik

Der Begriff ‚klassisch'

Das Antike-Bild der Klassiker

Goethe sieht die Antike als Künstler, Schiller als Denker

Zusammenarbeit zwischen Goethe und Schiller

Entsprechend der Bedeutung des lateinischen Adjektivs wurden Kunstwerke und Dichtungen als ‚klassisch' bezeichnet, die man für mustergültig hielt. Das traf besonders auf die Werke der antiken Überlieferung zu, die Goethe auf seiner italienischen Reise studierte und nach deren Vorbild er die eigenen Werke überarbeitete, die er auf die Reise mitgenommen hatte, z. B. die ‚Iphigenie'. Während Goethe in den antiken Kunstdenkmälern lebendige Zeugnisse einer Kultur sah, die durch eine ungezwungene, der Natur entsprechende Schönheit ausgezeichnet war, sah Schiller im antiken Griechentum ein Beispiel für die Harmonie zwischen Ideal und Leben, Freiheit und Natur. Goethe erlebte die Antike als Künstler, Schiller als Denker. Beide begegneten einem ‚Bild' von der Antike, das vor allem auf den Schriften des Kunsthistorikers Johann Joachim Winckelmann (1717–1768) beruhte, der ihre Werke mit der Formel von der „edlen Einfalt und stillen Größe" charakterisiert hatte. Eine kritische Erforschung des Altertums setzte erst im 19. Jahrhundert ein. Eigentlich ist die klassische Epoche gleichbedeutend mit der Zeit, in der Goethe und Schiller ständig in Verbindung standen und ihre Werke durch Anregung und Kritik des jeweils anderen Brief- oder Gesprächspartners erst ihre endgültige Form fanden. So wäre z. B. ohne Schillers wiederholtes Drängen und seine dauernde detaillierte Anregung und Kritik die Faust-Dichtung nie zum Abschluss gekommen. Es hatte anfangs mehrere Jahre gedauert, bis die beiden so verschiedenen Menschen ihre Distanz überwanden (ca. 1788–1794) und eine fruchtbare Zusammenarbeit begann. Goethe sah in dem zehn Jahre Jüngeren den ‚Stürmer und Dränger', den er in sich selbst bereits zur Ruhe gebracht hatte. Schiller, dem Goethe kalt, selbstbezogen und verschlossen erschien, sah den Unterschied zwischen sich und dem prominenten Älteren so:

> „Seine Philosophie mag ich auch nicht ganz; sie holt zuviel aus der Sinnenwelt, wo ich aus der Seele hole. Überhaupt ist seine Vorstellungsart zu sinnlich und betastet mir zuviel. Aber sein Geist wirkt und forscht nach allen Direktionen und strebt, sich ein Ganzes zu erbauen – und das macht mir ihn zum großen Mann."
> (1. 11. 1790 an Körner.)

Gemeinsames ästhetisches Bildungsprogramm

Auf ganz verschiedenen Wegen, Goethe auf dem Weg der Erfahrung, Schiller auf dem Weg der Idee, kamen die beiden „zu den nämlichen Resultaten“ (Schiller am 22. 11. 1794 an Hoven). Diese bestanden in einem ästhetischen Bildungsprogramm, mit dem die Bürger durch die Beschäftigung mit Kunst und Dichtung zur Humanität, zur ‚Menschheit‘, d. h. zu ‚ganzen‘ Menschen, gebildet werden sollten. In der Ankündigung der Zeitschrift ‚Die Horen‘, die Schiller herausgab und für die auch Goethe schrieb, ist dieses Programm folgendermaßen formuliert:

Abwertung der Gegenwart zugunsten dessen, was „rein menschlich“ ist

„Je mehr das beschränkte Interesse der Gegenwart die Gemüter in Spannung setzt, einengt und unterjocht, desto dringender wird das Bedürfnis, durch ein allgemeines und höheres Interesse an dem, was rein **menschlich** und über allen Einfluß der Zeiten erhaben ist, sie wieder in Freiheit zu setzen und die politisch geteilte Welt unter der Fahne der Wahrheit und Schönheit wieder zu vereinigen.“ (1794)

Bildung zur Humanität als Aufgabe der Zeit

Was die „Gemüter“ damals „in Spannung setzt“, sind die Ereignisse der Französischen Revolution und die Krise des europäischen Feudalsystems. Dieser historischen Situation, die auch durch die ökonomischen Verhältnisse der Frühindustrialisierung, Arbeitsteilung und Profitorientierung, gekennzeichnet ist, setzen die Klassiker ihr Programm einer Bildung zur Humanität entgegen.

Programm einer ästhetischen Erziehung

Zweckfreie Menschenbildung

Die theoretische Begründung für das Programm einer Bildung zur Humanität durch Kunst und Dichtung hat Schiller in seinen theoretischen Schriften geliefert. Das Ziel hatte Kant in seiner Vorlesung über Pädagogik so formuliert:

„Kinder sollen nicht dem gegenwärtigen, sondern dem zukünftig möglichen besseren Zustand des menschlichen Geschlechts, das ist: der Idee der Menschheit, und deren ganzer Bestimmung angemessen, erzogen werden.“

Von Herder stammte die Idee, dass dieses Ziel durch die Begegnung mit großer Dichtung zu erreichen sei, bei der sie nicht mehr – wie bisher – als Muster der Stilbildung (Barock) oder als Exempel moralischer Belehrung (Aufklärung) vermittelt, sondern als vornehmstes Organ einer zweckfreien Bildung des Menschen selbst angesehen wird. Die Eigenschaft, aufgrund deren Dichtung zu einem solchen Organ werden kann, nennt Schiller ‚das Schöne'. Dieses hat Kant „das Symbol des Sittlich-Guten" genannt (Kritik der Urteilskraft § 59), woraus Schiller die Formel bildete: „Schönheit ist Freiheit in der Erscheinung", d. h. ein Charakter ist ‚schön', wenn in seinem Verhalten die Idee der Willensfreiheit und der moralischen Selbstbestimmung sozusagen anschaubar wird. In jedem wahrhaft poetischen Kunstwerk trete die Idee in die Welt der Erfahrung, werde so und nur so für den Leser, Hörer oder Zuschauer sinnlich erfahrbar und trage so zu seiner ‚ästhetischen' Erziehung und – da das Schöne Symbol des Guten ist – zu seiner sittlichen Bildung bei.

Dichtung als Organ einer solchen Bildung

Schillers Begriff des ‚Schönen'

Im Schönen wird die Idee anschaubar

Eine solche ästhetische Erziehung, d.h. sittliche Menschenbildung durch Begegnung mit Dichtung, in der die Idee anschaubar wird, ist nach Schiller nicht etwa nur eine erzieherische Möglichkeit unter anderen, sondern sie ist vielmehr durch nichts anderes zu ersetzen:

Das ‚Schöne' bindet Natur und Vernunft zusammen

„Ohne das Schöne würde zwischen unsrer Naturbestimmung und unsrer Vernunftbestimmung ein immerwährender Streit sein, (...) würden wir unsre **Menschheit** versäumen (...)." (Über das Erhabene 1793)

In seinen ‚Briefen über die ästhetische Erziehung des Menschen' überträgt Schiller sein Konzept auch in die Politik. Er lehnt – und Goethe stimmt ihm zu (Brief v. 28.10.1794 an Schiller) – jeden gewaltsamen Umsturz bestehender Ordnungen ab und lehrt, dass einer Umwandlung des Staates ein Wandel der Gesellschaft vorausgehen müsse. Einen solchen Wandel werde die ästhetische Erziehung der Menschen ermöglichen, weil sie nur so die moralische Selbstbestimmung erreichen können, die sie befähigt, ohne religiösen oder gesetzlichen Zwang spontan das Gute zu tun. So werde sich der „dynamische Staat der Rechte", in dem „der Mensch dem Menschen als Kraft begegnet und sein Wirken beschränkt", zuerst in den „ethischen Staat der Pflichten" verwandeln, in dem die „Majestät des Gesetzes" ihn bindet, schließlich

Wandel der Menschen muss einer Veränderung des Staates vorausgehen

Schillers Utopie vom ‚ästhetischen' Staat

aber zum „ästhetischen Staat“ werden, in dem der Sinn für Kunst und Dichtung „Harmonie in die Gesellschaft“ bringt, „weil er Harmonie in dem Individuum stiftet“ (27. Brief).

Zeitgenössische Kritik

Schon Zeitgenossen haben die Behauptung, „keine Regierung könne die Völker bürgerlich frei machen, bevor diese sich nicht selbst moralisch frei gemacht hätten“, als Irrtum bezeichnet:

„Dies ist wahrlich ebensoviel, als wenn man behaupten wolle, man müsse keinem erlauben, eher gehen zu lernen, bis er tanzen gelernt hätte, oder sich nicht eher ins Wasser zu wagen, bis er schwimmen könnte (...).“ (Friedrich Christian Laukhard 1799)

Schizophrenie des ‚gebildeten' Bürgers

Die Abtrennung einer eigenen Welt der Kunst und der Dichtung von der Welt der Wirtschaft und der Arbeit führt dazu, dass nur besonders privilegierte Menschen, jene nämlich, denen eine ‚allgemeine Menschenbildung' in der Schule zuteil wird, zu Bürgern des ‚ästhetischen' Staates werden können. Alle aber, die sich in ihrem Alltag nach den Zwängen des Daseinskampfes verhalten müssen, geraten in die Lage, Bürger zweier Welten, der realen und der idealen, zugleich zu sein und ihr ‚eigentliches' Leben erst nach Feierabend beginnen zu können.

Die ‚schöne Seele'

‚Charakterschönheit' und ‚schöne Seele'

Ablehnung der Pflichtenlehre Kants

Die Klassiker haben als Vollendung einer Bildung zur Humanität die sich selbst bestimmende Persönlichkeit angesehen, die in ihren Willen aufgenommen hat, was die Moral zu tun gebietet. In diesem Fall sprechen sie von ‚Charakterschönheit' oder von der ‚schönen Seele'. Schiller wendet sich damit gegen Kants Auffassung, dass eine Handlung erst dadurch „ihren echten moralischen Wert“ erhält, dass sie „ohne Neigung, lediglich aus Pflicht“ getan wird (Grundlegung zur Metaphysik der Sitten). Dagegen macht Schiller geltend, dass nicht der Widerstreit zwischen Natur („Neigung“) und Vernunft („Pflicht“), sondern ihre Übereinstimmung den Menschen zu einem harmonisierenden Ganzen machen könne:

Übereinstimmung von Pflicht und Neigung

„Eine schöne Seele nennt man es, wenn sich das sittliche Gefühl aller Empfindungen des Menschen endlich bis zu dem Grad versichert hat, daß es dem Affekt die Leitung des Willens ohne Scheu überlassen darf und nie Gefahr läuft, mit den Entscheidungen desselben im Widerspruch zu stehen. Daher sind bei einer schönen Seele die einzelnen Handlungen eigentlich nicht sittlich, sondern der ganze Charakter ist es. Man kann ihr auch keine einzige darunter zum Verdienst anrechnen, weil eine Befriedigung des Triebes nie verdienstlich heißen kann. Die schöne Seele hat kein andres Verdienst, als daß sie ist. Mit einer Leichtigkeit, als wenn bloß der Instinkt aus ihr handelte, übt sie der Menschheit peinlichste Pflichten aus, und das heldenmütige Opfer, das sie dem Naturtriebe abgewinnt, fällt wie eine freiwillige Wirkung eben dieses Triebes in die Augen. Daher weiß sie selbst auch niemals um die Schönheit ihres Handelns, und es fällt ihr nicht mehr ein, daß man anders handeln und empfinden könnte." (Über Anmut und Würde)

Goethes ‚Iphigenie'

Eine ‚schöne Seele' ist z.B. Goethes ‚Iphigenie', die durch ihr unbeirrtes ethisches Handeln reine Menschlichkeit verwirklicht und damit für die anderen Figuren zum Vorbild wird, sodass diese ihre Vorurteile überwinden und zur Versöhnung bereit sind.

Abwendung von der Wirklichkeit

Entfremdung des Menschen in der arbeitsteiligen Gesellschaft

Wie schon in der Ankündigung der ‚Horen' angedeutet (s. o. S. 66), gehört zum Erziehungsprogramm der Klassiker auch eine bewusste Abwendung der Dichtung von der banalen prosaischen Wirklichkeit des wirtschaftenden und arbeitenden Menschen, der in Konkurrenz mit seinen Mitmenschen materielle Interessen wahrnehmen muss. Diese Wahrnehmung geschieht in einer zunehmend arbeitsteiligen und profitorientierten Gesellschaft, in der die Klassiker sowohl die Menschenbildung wie auch ihr Organ, die Kunst, gefährdet sehen. Die Arbeitsteilung behindere, wie Schiller sagt, die Erziehung zur Selbstbestimmung und entfremde den Menschen seiner wahren Natur:

„Ewig nur an ein einzelnes kleines Bruchstück des Ganzen gefesselt, bildet sich der Mensch selbst nur als Bruchstück aus; ewig nur das eintönige Geräusch des Rades, das er umtreibt, im Ohre, entwickelt er nie die Harmonie seines Wesens, und anstatt die Menschheit in seiner Natur auszuprägen, wird er bloß zu einem Abdruck seines Geschäfts, seiner Wissenschaft (...)." (Friedrich Schiller: Über die ästhetische Erziehung des Menschen, 6. Brief.)

Die Ausrichtung auf den Nutzen nimmt der Kunst ihre frühere Bedeutung

Die Profitorientierung aber dränge die Kunst an den Rand des gesellschaftlichen Lebens:

„Der Nutzen ist das große Idol der Zeit, dem alle Kräfte fronen und alle Talente huldigen sollen. Auf dieser groben Waage hat der geistige Verdienst der Kunst kein Gewicht, und, aller Aufmunterung beraubt, verschwindet sie von dem lärmenden Markt des Jahrhunderts."

Kunst soll autonom, frei von gesellschaftlichen Funktionen sein

Kunst soll ‚große' Gegenstände behandeln

In seiner Definition des ‚Schönen' hatte Kant die Einstellung dessen, der ein Gedicht liest oder ein Kunstwerk betrachtet, als „Wohlgefallen oder Mißfallen ohne alles Interesse" bezeichnet. Damit begründen nun die Klassiker ihre Auffassung, dass Dichtung von außerdichterischen Ansprüchen frei, von Zwecken und Interessen gelöst, gegenüber speziellen gesellschaftlichen Funktionen neutral sein müsse. Dadurch, dass sie sich von den Verformungen und Entstellungen des banalen Alltagslebens freihält, könne sie dem Bürger die Möglichkeiten des wahren Menschen zeigen, der Realität das Ideal gegenüberstellen, das Faktische, das ohnehin geschieht, mit einem Sinn versehen. Große Gegenstände, Gestalten mit Ausnahmecharakter, Ereignisse von Bedeutung sollten deshalb den Inhalt der Dichtung bilden.

Maß und Form

Klassische Form ist Harmonie von Verstand und Gefühl

Das ‚Reich des Ideals', das die Dichtung dem Bürger erschließen soll, ist zugleich das Reich der „Gestalt", wie es in Schillers Gedicht ‚Das Ideal und das Leben' heißt (s. S. 63), das Reich der künstlerischen Form. Das klassische Formideal enthielt die Forderung, die Ausdruckselemente des Verstandes (Aufklärung) und des Gefühls (Sturm und Drang) harmonisch zusammenwirken zu lassen. In der künstlerischen Gestaltung sollten Maß, Ordnung, Fasslichkeit, Symmetrie, Proportion, kalkulierte Zuordnung der Teile herrschen. Dazu gehört, dass der Künstler eine gewisse Distanz zu seinem Objekt hält, um nicht den Überblick zu verlieren. Das künstlerisch Gestaltete sollte naturgemäß bleiben, dürfte nicht wider die Schönheit sein, welche die Natur so oft in ihren Erscheinungen aufweist. Denn wie Goethe formuliert:

> „Das Schöne ist eine Manifestation geheimer Naturgesetze, die uns ohne dessen Erscheinung ewig wären verborgen geblieben."
> (Maximen und Reflexionen Nr. 719 HA.)

Die beiden Grundgedanken des klassischen Formideals – sie gehen auf den Schriftsteller Karl Philipp Moritz zurück, mit dem Goethe 1786 in Rom zusammen war – lauten:

Autonomie des Kunstwerks

1. Das Kunstwerk ruht in sich selbst, gehorcht allein seinen eigenen Gesetzen, erklärt sich deshalb auch selbst und existiert aus sich selbst, d. h. unabhängig vom Leser oder Betrachter.

Kunstwerk nur als Ganzes zu fassen

2. Die äußere Form ist der Zugang zum inneren Wesen. Entscheidend ist daher die organische Ganzheit des Kunstwerks, in der die einzelnen Teile ihren Sinn in ihrer Bedeutung für das Ganze haben. Die Wirkung geht immer nur vom Ganzen aus. Eine zergliedernde Betrachtung des Kunstwerks würde deshalb das Wesen des Schönen verfehlen.

In seinem Gedicht ‚Natur und Kunst' (1800) gibt Goethe für die Gestaltung eines solchen Kunstwerks den Rat:

Meisterschaft in der Beschränkung

> Wer Großes will, muß sich zusammenraffen;
> In der Beschränkung zeigt sich erst der Meister,
> Und das Gesetz nur kann uns Freiheit geben.

5

Griechische Antike als Muster

Kanonisierung des antiken Griechentums

Die Weimarer Klassiker sahen das große, unerreichbare Vorbild für ihre Auffassungen im antiken Griechentum, das damals kanonischen Rang erhielt und im neuhumanistischen Gymnasium der Humboldt-Reform das wichtigste Fach wurde. Schiller sah in den Griechen der Antike ein Vorbild für das Leben überhaupt:

Schiller: Griechen als Vorbild für Humanität

„Die Griechen beschämen uns nicht bloß durch eine Simplizität, die unserm Zeitalter fremd ist; sie sind zugleich unsre Nebenbuhler, ja oft unsre **Muster** in den nämlichen Vorzügen, mit denen wir uns über die Naturwidrigkeit unsrer Sitten zu trösten pflegen. Zugleich voll Form und voll Fülle, zugleich philosophierend und bildend, zugleich zart und energisch sehen wir sie die Jugend der Phantasie mit der Männlichkeit der Vernunft in einer herrlichen **Menschheit** vereinigen." (Über die ästhetische Erziehung des Menschen, 6. Brief.)

Während Schiller die alten Griechen als „Muster" für eine Bildung zur „Menschheit" (Humanität) ansah, nimmt Goethe sie, als er seinen Gedanken einer ‚Weltliteratur' erläutert, ausdrücklich von einer nur historischen Würdigung aus:

Goethe: Griechen literarisches Vorbild

„Nationalliteratur will jetzt nicht viel sagen, die Epoche der Weltliteratur ist an der Zeit, und jeder muß jetzt dazu wirken, diese Epoche zu beschleunigen. Aber auch bei solcher Schätzung des Ausländischen dürfen wir nicht bei etwas Besonderem haftenbleiben und dieses für musterhaft wollen. Wir müssen nicht denken, das Chinesische wäre es oder das Serbische oder Calderon oder die Nibelungen; sondern im **Bedürfnis von etwas Musterhaftem** müssen wir immer zu den alten Griechen zurückgehen, in deren Werken stets **der schöne Mensch dargestellt** ist. Alles übrige müssen wir nur historisch betrachten und das Gute, so weit es gehen will, uns daraus aneignen." (Zu Eckermann am 31. Januar 1827.)

In der Darstellung des ‚Schönen' durch das Kunstwerk, vor allem des „schönen Menschen", könnten allein die Griechen das „Bedürfnis von etwas Musterhaftem" erfüllen. Diese Erfahrung hatte Goethe von seiner italienischen Reise (1786–88) mitgebracht, die das Schlüsselerlebnis zu seiner klassischen Schaffensphase war.

Bewertung der Griechen durch die Klassiker erzeugt Befangenheit

Eine geschichtlich unbefangene, aber auch ästhetisch vorurteilslose Würdigung der Antike wurde durch diese Bewertung des antiken Griechentums für ein Jahrhundert blockiert.

Überblick

- Die Weimarer Klassik beruht auf dem **Zusammenwirken** von Goethe (1786 Italienische Reise) und Schiller (gest. 1805). Diese beiden stellten der Unruhe der Zeit (Französische Revolution, Krise des Absolutismus, Frühindustrialisierung) ihr **Programm der ästhetischen Erziehung** entgegen: Im Umgang mit Kunst und Literatur sollen die Menschen zur **Humanität** gebildet und dadurch reif für gesellschaftliche Veränderungen werden.
- **Erziehungsideal** ist die ‚schöne Seele', d.h. der Mensch, in dessen Handeln Pflicht und Neigung sich in Übereinstimmung befinden.
- Um Menschenbildung in einer arbeitsteiligen und profitorientierten Gesellschaft zu ermöglichen, soll Dichtung sich aus dem „beschränkten Interesse der Gegenwart" heraushalten und **Gegenstände** wählen, **die „über allen Einfluß der Zeiten erhaben"** sind.
- Das klassische **Formideal** fordert Harmonie, Ordnung, Naturgemäßheit, Beschränkung, Ebenmäßigkeit der Teile in der künstlerischen Gestaltung.
- Das **antike Griechentum** wird als **Muster** der Humanität (Harmonie zwischen Vernunft und Natur) und der künstlerischen Darstellung (des ‚schönen' Menschen) angesehen.

5.3 Autoren

Die beiden Autoren, auf deren Schaffen die Weimarer Klassik beruht, sind sowohl ihrer Begabung nach wie aufgrund ihrer sozialen Herkunft und auch im Hinblick auf ihre Lebensumstände grundverschieden:

Johann Wolfgang von Goethe		**Friedrich Schiller**	
1749 (28.8)	geb. in Frankfurt am Main, Sohn eines wohlhabenden Patriziers	1759 (10.11.)	geb. in Marbach am Neckar, Sohn eines armen Sanitätssoldaten
1765/66	Jura-Studium in Leipzig		
1770/71	Straßburg: Begegnung mit Herder, *Sesenheimer Gedichte*, Promotion (lic. iur.)	1766	Lateinschule
1771–75	Frankfurt: *Sturm-und-Drang-Lyrik, Götz, Urfaust, Werther*	1773	Karlsschule (Herzogliche Militärakademie)
1775	Ankunft in Weimar, Regierungsmitglied, ab 1779 als Minister	1779	*Die Räuber*
		1780	Regimentsmedicus
		1782	Flucht aus Stuttgart, *Kabale und Liebe*
		1783/84	Theaterdichter in Mannheim
		1784	Rat in weimarischen Diensten
		1787	*Don Carlos*
1786–88	Italienische Reise	1788	Geschichtsprofessor in Jena (unbezahlt)
1790	Zweite Reise nach Italien	1791	Ausbruch der Lungenkrankheit
1791	Leitung des Weimarer Hoftheaters (ab 1796 mit Schiller zusammen)		
1792	Teilnahme am Feldzug nach Frankreich	1793/94	*Ästhetische Schriften*
1794	Zusammenarbeit mit Schiller	1794	Zusammenarbeit mit Goethe
1795	*Wilhelm Meister*	1795	Herausgabe der Monatsschrift ‚Die Horen', *Gedankenlyrik*
		1796	*Wallenstein*
1798	Balladenjahr	1798	Balladenjahr
		1799	Übersiedlung nach Weimar
		1800	*Maria Stuart*
		1802–1804	*Wilhelm Tell*
		1805 (9.5.)	Schillers Tod
1808	Begegnung mit Napoleon auf dem Erfurter Fürstentag		
1814–19	*West-östlicher Divan*		
1831	*Faust II* und *Dichtung und Wahrheit* beendet		
1832 (22.3.)	Goethes Tod		

5.4 Werke

Die gegenwärtige Bedeutung der Weimarer Klassik beruht vor allem auf ihren **dramatischen** Werken, die immer noch aufgeführt werden. Aus dem **lyrischen** Schaffen ist die Gedankenlyrik wichtig (s. S. 60 ff.). Die Balladen, die Goethe (‚Der Zauberlehrling', ‚Der Erlkönig') und Schiller (‚Die Bürgschaft', ‚Der Ring des Polykrates') gedichtet haben, werden in der Schule gelesen und sind oft vertont worden. Goethe hat das Programm der ästhetischen Erziehung in seinem **Bildungsroman** ‚Wilhelm Meister' gestaltet, an dem er – wie an der ‚Faust'-Dichtung – sein ganzes Leben gearbeitet hat.

Drama als dominante Gattung, bedeutende Lyrik (Gedankenlyrik und Ballade), dazu Bildungsroman

J. W. v. Goethe: Iphigenie auf Tauris. Schauspiel (1787):
Im 24. Brief ‚Über die ästhetische Erziehung des Menschen' beschreibt Schiller, wie der Mensch „in seinem physischen Zustand" die Natur „erleidet", wie er „in ihrer herrlichen Fülle nichts als seine Beute, in ihrer Macht und Größe nichts als seinen Feind" sieht, kurz: nur von Angst und Begierde getrieben wird. Als Beispiel führt er die Verse 328–335 aus Goethes ‚Iphigenie' an, die zu der langen Erzählung gehören, in der sich die Titelheldin, welche in Tauris (Krim) im Exil lebt, dem König Thoas als Tochter Agamemnons zu erkennen gibt. Sie erzählt den Tantaliden-Mythos, die Geschichte ihres Geschlechts, in der sich Vatermord, Brudermord, Gattenmord häufen, weil der Stammvater sich einst über die Götter erhoben, sich der ‚hybris' (Hochmut) schuldig gemacht hatte. Iphigenie ist dadurch in die Fremde gelangt, dass ihr Vater sie, als er die Griechen gegen Troja führte, der erzürnten Göttin Artemis (= Diana) opfern sollte, die sie jedoch in das Land der Taurer entrückte, damit sie dort als Priesterin wirke. Was inzwischen geschehen ist, erfährt der Zuschauer (und Iphigenie) im Verlauf der Dramenhandlung: Troja ist von den Griechen erobert worden. Iphigenies Vater Agamemnon haben seine Frau Klytemnästra und ihr Liebhaber Ägisth ermordet, als er aus dem Krieg heimkehrte (844 ff.). Orest, von Apoll aufgefordert, den Vater zu rächen, tötet Ägisth und seine Mutter Klytemnästra, die sterbend die Rachegöttinnen (Erinnyen) auf ihn hetzt, die ihm seitdem keine Ruhe mehr lassen (1082 ff.). Der Inhalt des Stücks besteht nun darin, wie Iphigenie, Orest und Thoas aus dieser Welt des Mythos, in der die Menschen ihre „Natur erleiden" und von Angst und Begierde getrieben werden, in die neue Welt der „reinen Menschlichkeit" gelangen. Das geschieht dadurch, dass sie sich mir ihrer moralischen Kraft aus der Fremdbestimmung lösen.

Der Mensch „in seinem physischen Zustand" wird von Begierde und Angst getrieben

Durch „reine Menschlichkeit" löst sich der Mensch aus der Fremdbestimmung

5

„Das Land der Griechen mit der Seele suchend" (Iphigenie, Vers 12)

Anselm Feuerbach: Iphigenie. 1871

Iphigenie verweigert ihre Hilfe, als Orest und Pylades, die in Tauris gelandet sind, das Diana-Bild rauben wollen. Orest überwindet seine innere Verstörung und ist zum Kampf bereit (2050 ff.). Thoas aber vermag, „die Stimme der Wahrheit und der Menschlichkeit" zu hören (1937/38). Iphigenie hat es gewagt, auf die Gerechtigkeit, die ‚Menschlichkeit' der Götter zu setzen (1916 ff.). Dadurch aber lichtet sich das Gefängnis der Schicksalsbestimmtheit. Das Orakel Apolls kann plötzlich ganz anders, sozusagen ‚menschlicher', verstanden werden, ohne den vermeintlich göttlichen Zwang, erneut zu freveln. Orest erkennt, dass Apolls Spruch, die Schwester aus dem Heiligtum an Tauris' Ufer solle nach Griechenland geholt werden, dann werde der Fluch sich lösen, seine Schwester Iphigenie gemeint habe und nicht das Bild der Göttin, der Schwester des Apoll (2108–2117). Das Beispiel von Iphigenies Humanität und der humanen Wandlung von Orest und Thoas soll den Zuschauer lehren, an die ‚Menschlichkeit' der „unbekannten höhern Wesen" zu glauben.

Siehe das Gedicht ‚Das Göttliche' S. 61 (Vers 7/8)

Goethe: Faust. Ein Fragment (1790):
Das ‚Faust'-Manuskript hatte Goethe mit nach Italien genommen. Er hat es mit dem Gestaltungswillen des Klassikers bearbeitet, z. B. die Prosa – wie bei der ‚Iphigenie' – durch Verse ersetzt, aber nicht vollendet. Doch gehört es in die Reihe der klassischen Dra-

men, weil auch Gretchen eine ‚schöne Seele' ist, die mit sicherem Gefühl für das, was Recht und Unrecht ist, handelt, ohne lange nachzudenken.

J. W. v. Goethe: Torquato Tasso. Schauspiel (1790):
Im ‚Tasso' wird zum ersten Mal die moderne Problematik der Künstlerexistenz behandelt, die in der Spannung von Kunst und Alltagsleben, Geist und Erwerbssinn, Individualität und Gesellschaft besteht. Wegen ihrer künstlerischen Weltfremdheit und Emotionalität hat man damals die Tasso-Figur sogleich als „gesteigerten Werther" verstanden (Goethe zu Eckermann am 25.4.1827). Doch erscheint sie nun im Kontext des Menschenbildes der Klassik.

Vgl. Thomas Manns Novelle ‚Tonio Kröger' (S.167)

Tasso ein ‚gesteigerter Werther'

Torquato Tasso, ein Dichter, der im 16. Jahrhundert am Hofe von Ferrara lebt, fühlt sich seinem Freund Antonio, dem Außenminister des kleinen Staates, unterlegen; dieser wiederum beneidet den Dichter um seine Gunst bei den Frauen, der Schwester des Herzogs und ihrer gleichnamigen Hofdame Leonore. In dem Konflikt der beiden Männer steigert sich Tasso immer mehr in sein Misstrauen gegenüber der höfischen Umgebung hinein, während Antonio, obwohl er eigentlich den Poeten für einen „Müßiggänger" hält (2002), dem Freund zu helfen versucht. Während Tasso von einer harmonischen Welt ohne Konflikte träumt („Erlaubt ist, was gefällt": 994), gemahnt ihn die Prinzessin an die gesellschaftliche Wirklichkeit („Erlaubt ist, was sich ziemt": 1006) und nennt das Stichwort für die Bewährung im Leben:

Viele Dinge sind's,
Die wir mit Heftigkeit ergreifen sollen;
Doch andre können nur durch **Mäßigung**
Und durch Entbehren unser eigen werden. (1119–22)

Gebot der Mäßigung

Antonio ermahnt den Freund immer wieder:

Ermanne dich! Du gibst
zuviel dir nach … (3406)
Erkenne, was du bist! (3420)

Der Künstler leidet

Am Ende erkennt Tasso seine Verfehlung („ich habe mich selbst verbannt“: 3399 f.) und besinnt sich auf seine Kunst als einzigen Trost:

Und wenn ein Mensch in seiner Qual verstummt,
Gab mir ein Gott, zu sagen, wie ich leide. (3432 f.)

Ein Drama, in dem sich zwei Königinnen gegenüberstehen, von denen die Machthaberin eine Niederlage erleidet, während die Ohnmächtige am Ende wie eine Siegerin dasteht

Friedrich Schiller: Maria Stuart. Trauerspiel (1800):
Maria Stuart, Königin von Schottland, hat sich in den Schutz von Elisabeth, der Königin von England, begeben, die die Thronrivalin gefangen setzt und zum Tode verurteilen lässt. Da ihre Berater geteilter Meinung sind, zögert Elisabeth jedoch mit der Unterschrift. Mortimer, der Neffe des Kerkermeisters, soll Maria heimlich umbringen, spielt aber ein doppeltes Spiel, weil er Maria liebt. Der Graf von Leicester, Günstling Elisabeths, aber auch Marias Verehrer, will das Problem auf diplomatische Weise lösen und arrangiert eine Begegnung der beiden Königinnen, in der Maria sich durch Elisabeths Hochmut zu der Beleidigung hinreißen lässt, dass jene ein „Bastard“ sei und ihr selbst der Thron gebühre (III, 4). Danach unterschreibt Elisabeth das Urteil. Maria nimmt ihr Schicksal gefasst an, Elisabeth bleibt einsam zurück, da der Graf von Leicester „sich entschuldigen“ lässt: „Er ist zu Schiff nach Frankreich“.
Als völlig unschuldig verurteilt wäre Maria nicht zur Tragödienfigur geeignet. So zeigt die Vorgeschichte eine Gattenmörderin, die Gefangenschaft und Hinrichtung als Buße auf sich nehmen kann. Umgekehrt wird Elisabeths Autorität verletzt, weil sie eine im Sinn der Anklage Unschuldige zum Tod verurteilt hat. Entscheidend ist, dass Maria sich dadurch, dass sie ihr von außen verhängtes Schicksal in Freiheit auf sich nimmt, als „schöne Seele“ erweist, in der Notwendigkeit und Freiheit zur Übereinstimmung gelangen.

Schillers populärstes Stück

Friedrich Schiller: Wilhelm Tell. Schauspiel (1804):
Dieses letzte Werk, das Schiller noch beenden konnte, wurde sein größter finanzieller Erfolg und blieb sein populärstes Stück. Sein eigentliches Thema ist die Revolution. Rebelliert wird gegen den Absolutismus, der hier die Form der Tyrannei eines Einzelnen, des Landvogts Geßler, angenommen hat. Im Mittelpunkt steht der Tyrannenmord, den Tell begeht, nachdem Geßler ihn bis zum Äußersten gereizt und gezwungen hat, mit der Armbrust auf das

eigene Kind zu schießen. So ist das politische Stück zugleich ein Familienstück, indem es zeigt, dass die Tyrannei tief in die Sozialordnung eingreift, wie auch die Blendung des alten Melchtal beweist, der für ein Vergehen seines Sohnes gleichsam in ‚Sippenhaft' genommen wird.

Politisches und Familienstück

Das Drama beginnt als Idylle, die durch friedliches Dasein, einfache Gesellschaftsform und naive Denkweise der Menschen gekennzeichnet ist. In diese Idylle bricht die Geschichte in Form der österreichischen Zwangsherrschaft ein, die den Frieden zerstört. Symbol dafür ist der Geßler-Hut, dem die Leute in Altdorf ihre Reverenz erweisen müssen. Der zweite Akt führt die in sich entzweite Adelsgesellschaft vor, in der einige nach Fürstengunst streben. Die Einigkeit des Volkes in den drei Urkantonen steht dazu in Kontrast, die im Rütli-Schwur ihren Ausdruck findet. Doch kommt es nicht zum Volksaufstand, es wird nur theoretisch erwogen, dass Gewalt das letzte Mittel darstellt, um Land, Weiber und Kinder gegen die Tyrannen zu schützen. Im dritten Akt findet auch der Adel – nach dem Vorbild der einfachen Leute – zu einem Zusammenschluss gegen die Unterdrücker. Mit dem zentralen Ereignis des Stücks, der Apfelschuss-Szene, erreicht die Zwangsherrschaft ihren Höhepunkt, der den Gegenschlag auslöst. Dieser besteht in der Tat eines Einzelnen, dem tödlichen Schuss Tells auf Geßler, der ihn wortbrüchig doch gefangen genommen hatte. Tell erwägt nachdenklich die Beweggründe seiner Tat, die er im letzten Akt im Gespräch mit dem Kaisermörder Johannes Parricida von dessen selbstsüchtigen Motiven absetzt. In diesem fünften Akt haben Volk und Adel zu gemeinsamer Aktion zusammengefunden.

Der Adel handelt nach dem Vorbild des Volkes

Die Tat eines Einzelnen führt die Wende herbei

Obwohl die Eidgenossen ihre alte Ordnung verteidigen wollten, entsteht eine neue Gesellschaftsordnung. Die patriarchalische Herrschaftsform wird durch eine Gemeinschaft der Freien und Gleichen ersetzt. Der Adel verzichtet freiwillig auf seine Privilegien, die Knechte erhalten die Freiheit. Die allgemeine Umarmung besiegelt das neue Bündnis. Auch wenn diese neue Idylle erst durch Tyrannenmord und Kampf erfochten wurde, hat doch keine Revolution stattgefunden. Die Versöhnung aller gesellschaftlichen Gegensätze am Schluss des Stücks macht eine Revolution überflüssig. Schillers Antwort auf die Französische Revolution ist der von Goethe ähnlich. Politische Einsicht und freiwilliger Verzicht können auch in Deutschland eine solche Idylle ermöglichen: einen Staatenbund, in dem das Bürgertum ökonomisch und politisch die Führung übernommen hat und in dem sich der Adel unter Verzicht auf seine feudalen Privilegien einbürgert.

Vgl. die Umarmung am Schluss des ‚Nathan'-Dramas von Lessing (s. S. 23)

Zusammenfassung: Weimarer Klassik

Themen:
Stellung des Menschen zwischen Geist (Freiheit, Moral, ‚Gottheit', Ideal) und Materie (Natur, Trieb, ‚Tierheit', wirkliches Leben).
Bildung des Menschen zur ‚Menschheit' (Humanität) durch Kunst und Dichtung (ästhetische Erziehung).
Erhabene Gegenstände, bedeutsame Ereignisse, große Charaktere als Inhalte der Dichtung (Abwendung von der Alltagswirklichkeit).
Harmonie zwischen Pflicht und Neigung (‚schöne Seele') als Merkmal der Humanität.

Gattungen:
Drama wichtigste Gattung (heute noch aufgeführt)
Lyrik: Ideengedichte (‚Gedankenlyrik'), Balladen
Erzählende Prosa: Bildungsroman ‚Wilhelm Meister'

Literarische Technik:
Strenges Formideal (Naturgemäßheit, d.h. kein Manierismus, Ordnung im Aufbau, Harmonie der Teile, Beschränkung in den Mitteln).
Drama: Fünf-Akt-Schema, Orientierung an der Tradition, in Wortwahl, Satzbau und Versmaß wohlgestaltete Sprache.
Griechische Literatur als ‚Muster' der Gestaltung, antikes Griechentum als Vorbild der Humanität (Harmonie zwischen Natur und Vernunft), daher Übernahme antiker Formen (Versmaße) und Inhalte (Mythologie) sowie Idealisierung der griechischen Geschichte.

Autoren:
Im Zusammenwirken von Goethe und Schiller entsteht die Weimarer Klassik.

Werke:
Johann Wolfgang von Goethe: Iphigenie auf Tauris, Schauspiel (1787), Faust. Ein Fragment (1790), Torquato Tasso, Schauspiel (1790)
Friedrich Schiller: Maria Stuart, Trauerspiel (1800), Wilhelm Tell, Schauspiel (1804)

Romantik (1798 – 1835)

6

- Entgrenzung
- Sehnsucht
- Widerspruch zwischen Kunst und Leben
- Poetisierung der Welt
- Romantische Ironie
- Deutsches Mittelalter
- Volksdichtung
- Germanistik

Das Wunderhorn

Ein Knab auf schnellem Roß
Sprengt auf der Kaisrin Schloß,
Das Roß zur Erd sich neigt,
Der Knab sich zierlich beugt…

Der schöne Knab sagt auch:
"Dies ist des Horns Gebrauch:
Ein Druck von Eurem Finger,
Ein Druck von Eurem Finger,

Und diese Glocken all,
Sie geben süßen Schall,
Wie nie ein Harfenklang
Und keiner Frauen Sang…"

6

6.1 Eichendorff ‚Aus dem Leben eines Taugenichts' (1826)

Das meistgelesene Werk der Epoche

Diese Novelle des 38-jährigen Freiherrn von Eichendorff ist heute noch das meistgelesene Werk der Romantik:

Inhalt der Novelle

In der Novelle wird aus der Ich-Perspektive die Geschichte eines Müllersohns erzählt, der sein Vaterhaus verlässt, um mit seiner Geige in die weite Welt hinauszuziehen und dort sein Glück zu suchen. Er trifft keine Vorsorge, hat kaum Geld bei sich, verlässt sich aber in seinem Gottvertrauen darauf, dass er schon irgendwie durchkommen werde. Auf einem Schloss bei Wien findet er eine Stelle als Gärtnerbursche (1. Kap.). Bald avanciert er zum Zolleinnehmer, doch treibt ihn Liebeskummer, da er die von ihm verehrte Dame an der Seite eines anderen sieht, wieder in die Ferne. Er will nach Italien (2. Kap.), kennt aber den Weg nicht. Da trifft es sich gut, dass er zwei jungen Malern begegnet, die ihn als Diener engagieren (3. Kap.). In einem Wirtshaus in der Lombardei wacht er eines Tages allein auf. Die Maler haben ihm aber einen Beutel mit Geld dagelassen (4. Kap.). Eine Postkutsche bringt ihn auf ein Schloss (5. Kap.), wo er eine Weile „wie ein verwunschener Prinz" lebt, bis er ein Briefchen von Aurelie, seiner „schönen Frau", erhält, die nach ihm verlangt. Seltsamerweise wird er auf dem Schloss festgehalten, sodass er sich erst befreien muss, um weiterzureisen (6. Kap.). Endlich in Rom angekommen, erzählt ihm ein Maler, dass eine Gräfin aus Deutschland nach ihm gefragt habe (7. Kap.). Auf der Suche nach ihr gerät der Taugenichts in eine Künstlerrunde, aus der ihn eine Kammerjungfer zum Rendezvous holt. Da er jedoch eine ganz andere Person als die erwartete antrifft, verlässt er Rom wieder (8. Kap.). Auf der Reise trifft er drei Studenten, die zum gleichen Schloss bei Wien wollen wie er. Auf dem Donauschiff sind sie Gäste eines geistlichen Herrn, der sie beköstigt und von einem Bräutigam erzählt, der in Rom verloren gegangen sei und dessen Beschreibung auf ihn passt (9. Kap.). Auf dem Schloss findet er Leonardo und Guido, die beiden jungen Maler, wieder, in Wirklichkeit ein Graf und seine Geliebte, die Tochter des Schlossherrn, die, nach einer Entführung aus Italien heimgekehrt, heiraten. Der Taugenichts, der in dieser Geschichte eine Rolle gespielt hatte, die ihm nun nachträglich erklärt wird, bekommt das Pflegekind der Gräfin, seine Aurelie, zur Frau und obendrein als Geschenk des Grafen ein „weißes Schlößchen". Die letzten Worte der Novelle lauten: „Und es war alles, alles gut!" (10. Kap.)

Die Novelle beginnt folgendermaßen:

Erstes Kapitel

Das Rad an meines Vaters Mühle braußte und rauschte schon wieder recht lustig, der Schnee tröpfelte emsig vom Dache, die Sperlinge zwitscherten und tummelten sich dazwischen; ich saß auf der Thürschwelle und wischte mir den Schlaf aus den Augen, mir war so recht wohl in dem warmen Sonnenscheine. Da trat der Vater aus dem Hause; er hatte schon seit Tagesanbruch in der Mühle rumort und die Schlafmütze schief auf dem Kopfe, der sagte zu mir: „Du Taugenichts! da sonnst Du Dich schon wieder und dehnst und reckst Dir die Knochen müde, und läßt mich alle Arbeit allein thun. Ich kann Dich hier nicht länger füttern. Der Frühling ist vor der Thüre, geh auch einmal hinaus in die Welt und erwirb Dir selber Dein Brodt." – „Nun", sagte ich, „wenn ich ein Taugenichts bin, so ist's gut, so will ich in die Welt gehen und mein Glück machen." Und eigentlich war mit das recht lieb, denn es war mir kurz vorher selber eingefallen, auf Reisen zu gehn, da ich den Goldammer, der im Herbst und Winter immer betrübt an unserem Fenster sang: „Bauer, mieth' mich, Bauer mieth' mich!" nun in der schönen Frühlingszeit wieder ganz stolz und lustig vom Baume rufen hörte: „Bauer, behalt Deinen Dienst!" – Ich ging also in das Haus hinein und holte meine Geige, die ich recht artig spielte, von der Wand, mein Vater gab mir noch einige Groschen Geld mit auf den Weg, und so schlenderte ich durch das lange Dorf hinaus. Ich hatte recht meine heimliche Freud', als ich da alle meine alten Bekannten und Kammeraden rechts und links, wie gestern und vorgestern und immerdar, zur Arbeit hinausziehen, graben und pflügen sah, während ich so in die freie Welt hinausstrich. Ich rief den armen Leuten nach allen Seiten recht stolz und zufrieden Adjes zu, aber es kümmerte sich eben keiner sehr darum. Mir war es wie ein ewiger Sonntag im Gemüthe. Und als ich endlich ins freie Feld hinaus kam, da nahm ich meine liebe Geige vor, und spielte und sang, auf der Landstraße fortgehend:

Wem Gott will rechte Gunst erweisen,
Den schickt er in die weite Welt,
Dem will er seine Wunder weisen
In Feld und Wald und Strom und Feld.

Die Trägen, die zu Hause liegen,
Erquicket nicht das Morgenroth,
Sie wissen nur vom Kinderwiegen
Von Sorgen, Last und Noth um Brodt.

Die Bächlein von den Bergen springen,
Die Lerchen schwirren hoch vor Lust;
Was sollt' ich nicht mit ihnen singen
Aus voller Kehl' und frischer Brust?

Den lieben Gott laß ich nur walten;
Der Bächlein, Lerchen, Wald und Feld
Und Erd' und Himmel will erhalten,
Hat auch mein' Sach' auf's Best' bestellt!

Indem, wie ich mich so umsehe, kömmt ein köstlicher Reisewagen ganz nahe an mich heran, der mochte wohl schon einige Zeit hinter mir drein gefahren seyn, ohne daß ich es merkte, weil mein Herz so voller Klang war, denn es ging ganz langsam, und zwei vornehme Damen steckten die Köpfe aus dem Wagen und hörten mir zu. Die eine war besonders schön und jünger als die andere, aber eigentlich gefielen sie mir alle beide. Als ich nun aufhörte zu singen, ließ die ältere still halten und redete mich holdseelig an: „Ei, lustiger Gesell, Er weiß ja recht hübsche Lieder zu singen." Ich nicht zu faul dagegen: „Ew. Gnaden aufzuwarten, wüßt' ich noch viel schönere." Darauf fragte sie mich wieder: „Wohin wandert er denn schon so am frühen Morgen?" Da schämte ich mich, daß ich das selber nicht wußte, und sagte dreist: „Nach W."; nun sprachen beide mit einander in einer fremden Sprache, die ich nicht verstand. Die jüngere schüttelte einigemal mit dem Kopfe, die andere lachte aber in einem fort und rief mir endlich zu: „Spring er nur hinten mit auf, wir fahren auch nach W." Wer war froher als ich! Ich machte eine Reverenz und war mit einem Sprunge hinter dem Wagen, der Kutscher knallte und wir flogen über die glänzende Straße fort, daß mir der Wind am Hute pfiff.

Hinter mir gingen nun Dorf, Gärten und Kirchthürme unter, vor mir neue Dörfer, Schlösser und Berge auf; unter mir Saaten, Büsche und Wiesen bunt vorüberfliegend, über mir unzählige Lerchen in der klaren blauen Luft – ich schämte mich laut zu schreien, aber innerlichst jauchzte ich und strampelte und tanzte auf dem Wagentritt herum, daß ich bald meine Geige verloren hätte, die ich unterm Arme hielt. Wie aber denn die Sonne immer höher stieg, rings am Horizont schwere weiße Mittagswolken aufstiegen, und alles in der Luft und auf der weiten Fläche so leer und schwül und still wurde über den leise wogenden Kornfeldern, da fiel mir erst wieder mein Dorf ein und mein Vater und unsere Mühle, wie es da so heimlich kühl war an dem schattigen Weiher, und daß nun alles so weit, weit hinter mir lag. Mir war dabei so kurios zu Muthe, als müßt' ich wieder umkehren; ich steckte meine Geige zwischen Rock und Weste, setzte mich voller Gedanken auf den Wagentritt hin und schlief ein.

Diese Erzählweise lässt sich am besten beschreiben, wenn man sie mit der dem modernen Leser vertrauten realistischen Erzählweise kontrastiert. So wird man z. B. feststellen, dass eindeutige **Handlungsmotivationen** fehlen:

Kontrast zur realistischen Erzählweise

Der Vater will den Taugenichts „nicht länger füttern" (11); aber diesem war es „kurz vorher selber eingefallen" (16/7), dass er es den Vögeln nachmachen und auf Reisen gehen wolle. Dieses Symbol steht für eine rationale Begründung, drückt nur das Lebensgefühl des Ich-Erzählers aus, der „wie der Vogel in der Luft" lebt. Meist kommen die Dinge auf ihn zu („Indem, wie ich mich so umsehe […]" 51), sodass sich eine Handlungsmotivation erübrigt.

Motivation

Es werden auch keine **Handlungsziele** ersichtlich. Der Held will bloß sein „Glück machen" in der Welt. Es erfolgt daher auch keine Charakterisierung der Figuren, aus der solche Motive und Ziele sich ergeben würden. Viel wichtiger ist der jeweilige Zustand des Helden, dem es „wie ein ewiger Sonntag im Gemüte" ist, als er „in die freie Welt" aufbricht (28–32), der aber auch „bitterlich" weint, wenn er sich seiner Armut und Einsamkeit bewusst wird.

Handlungsziele

Unbestimmt bleibt der **Ort** des Geschehens. Alles spielt sich zwischen Wien und Rom ab, womit der Bereich des mittelalterlichen Kaisertums und der katholischen Kirche gemeint ist. Die **Landschaft** wird mit den Elementen angedeutet, die auch in der romantischen Lyrik (z. B. in dem Lied 35–50) dazu dienen, sie in der Phantasie des Lesers/Hörers entstehen zu lassen: Mühle, Dorf, Feld, Wald, Berg, Bächlein, Strom usw. Auch dem Reisenden, der sich fortbewegt, erscheint sie nicht anders: „Hinter mir gingen nun Dorf, Gärten und Kirchthürme unter, vor mir neue Dörfer, Schlösser und Berge auf; unter mir Saaten, Büsche und Wiesen bunt vorüberfliegend, über mir unzählige Lerchen in der klaren blauen Luft …" (73–76)

Unbestimmtheit des Ortes

Unbestimmt bleibt auch die **Zeit**. Auch sie wird mit bekannten Elementen, Tages- und Jahreszeiten, angedeutet, wobei eine realistische Festlegung unterbleibt: Bei dem Gespräch mit dem Vater tröpfelt gerade der Schnee „emsig vom Dache" (2/3), kurz danach, als der Taugenichts die Reise angetreten hat, ist es „schwül" und „weiße Mittagswolken" (80 ff.) stehen „über den leise wogenden Kornfeldern" (82/3), März und August gehen ineinander über.

Unbestimmtheit der Zeit

Die **Sprache** ist absichtlich kunstlos gehalten. Stehende Beiwörter (Adjektive) wie bei Homer oder im Volkslied wiederholen sich: Der Sonnenschein ist „warm" (6), die Frühlingszeit „schön" (19), das

Sprache: Kunstlosigkeit als Prinzip

Dorf „lang" (24), das Instrument des Helden seine „liebe Geige" (33), seine Lieder „hübsch" (60) usw. Auch die Adverbien wiederholen sich, die Mühle rauscht „recht lustig" (2), dem Taugenichts ist „so recht wohl" (5), die Ausweisung durch den Vater ist ihm „recht lieb" (16), die Geige spielt er „recht artig" (22/3) usw.

Formelhaftigkeit wie in der Volkspoesie

Formelhaftigkeit zeichnet die Sprache aus, wie sie auch in volkstümlichen Formen, Märchen, Sprichwort, Exempel vorkommt: Die Kutschfahrt geht so schnell, „daß mir der Wind am Hute pfiff" (71/2). Der Satz „So will ich in die Welt gehen und mein Glück machen" (14/5) ist eine Märchenformel. Der Gesang des Goldammers wird mit einer klangmalenden Formel interpretiert (19–21).

Parataktischer Satzbau

Charakteristisch ist auch die überwiegend parataktische Form des **Satzbaus**. Unter den wenigen Nebensätzen finden sich vor allem Temporalsätze (wenn: 14; als: 25, 32, 58; während: 28), Relativsätze (17, 22, 39) und Sätze mit „daß" (explikativ: 64, 86; konsekutiv: 72, 78).

Erzählprosa und Lyrik gemischt

Im Hinblick auf die Merkmale der erzählenden **Gattung** fällt auf, dass sie sich hier mit der Lyrik verbunden hat. Lieder sind fester Bestandteil der Erzählung. Der ‚Taugenichts' verlässt die Welt der Arbeit und bricht auf in eine Welt, in der man Musik macht, dichtet, malt, die Natur bewundert: „Wir studieren (…) in dem großen Bilderbuche, das der liebe Gott uns draußen aufgeschlagen hat", heißt es später.

Das Buch der Natur

Aus der Perspektive der Arbeitswelt erscheint jene andere Welt als eine, in der die Menschen „brotlose Künste und unnützes Zeug" treiben. Umgekehrt ist es dem Taugenichts, als er seine „alten Bekannten und Kammeraden (…), wie gestern und vorgestern und immerdar, zur Arbeit hinausziehen, graben und pflügen" sieht, „wie ein ewiger Sonntag im Gemüthe" (26–32). Auch das Lied, das er dann singt, handelt von diesem Gegensatz zwischen der Welt der Sorge und Arbeit (35–50) und dem Leben dessen, den Gott „in die weite Welt" schickt und dem er „seine Wunder" in der Natur „weisen" will. Dass Gott seine „Sach' auf's Best' bestellt" hat, erweist sich dadurch, dass sogleich „ein köstlicher Reisewagen" kommt, um ihn mitzunehmen. Er wird damit zugleich – obwohl nur ein armer Müllersohn – in die Welt des Adels hineinversetzt, in der man seine „hübschen Lieder" zu schätzen weiß. Die Poesie verbindet die Stände miteinander, wie es sich die Romantiker für die Zeit der mittelalterlichen Minnesänger vorgestellt haben (‚Der moderne Troubadour' war der ursprüngliche Titel der Novelle). Und wie ein Minnesänger dichtet er, von der adligen Gesellschaft aufgefordert, „ein Volkslied, gesungen vom Volk in freiem Feld und Wald" zum Besten zu geben, die von ihm aus der Distanz geliebte Dame als seine „viel schöne, hohe Fraue" an.

Gottvertrauen als Handlungsprinzip

Kluft zwischen Volk und Adel verwischt

Vorbild des Minnesangs

Der Taugenichts als Verkörperung der Poesie

Dass die Poesie in der Novelle nicht in einer Figur vom Range Apolls oder einer Muse, sondern in Gestalt eines von zu Hause weggejagten Müllersohns dargestellt wird, hat also einen idealen und einen realen Grund: Die Poesie stammt nach der Vorstellung der Romantiker aus dem Volke und hat einmal im deutschen Mittelalter die Stände miteinander verbunden. Eichendorff ist sich auch des Widerspruchs zwischen Ideal und Wirklichkeit bewusst. Die Kunstwelt der Poesie soll zwischen ihnen vermitteln, um der Welt, wie sie ist, die Welt, wie sie sein könnte, gegenüberzustellen. Doch signalisiert der Dichter seinem Leser in ‚romantischer Ironie', dass es sich dabei um eine Kunstwelt handelt, die mit den Mitteln der literarischen Technik hergestellt wird. So lässt er Leonardo am Ende, als der verborgene Sinn der ganzen Handlung enthüllt wird, bemerken: „Also zum Schluß, wie sich's von selbst versteht und einem wohlerzogenen Romane gebührt: Entdeckung, Reue, Versöhnung, wir sind alle wieder lustig beisammen, und übermorgen ist Hochzeit!".

‚Ironie' signalisiert Bewusstsein vom Widerspruch zwischen Leben und Kunst

Überblick

Kennzeichnend für das Lebensgefühl der Romantik ist das **Bewusstsein von der Unvereinbarkeit von Ideal** (Kunst, Reisen, Muße) **und Wirklichkeit** (Arbeit, Erwerb, Sorge), das dem Leser durch **Ironiesignale** vermittelt wird.

Das **Vorbild der Kunst** wird nicht mehr in der Antike gesucht, sondern **im deutschen Mittelalter**. Dort sieht man den Ursprung der „dichtenden Volksseele" (Lied, Märchen, Sprichwort usw.), aus der die höhere Kunst (Minnesang, Heldenepos) ihre Kraft nehme.

Während der wirtschaftende Mensch die Welt entzaubert hat, will **der romantische Dichter** sie wieder **verzaubern**. Während der Erwerbsbürger („Philister") geistig träge zu werden droht, lebt der ‚Sonntagsmensch' in der Gefahr, „verlassen von der Welt" zu sein. Deshalb lebt der Taugenichts in der **Spannung zwischen Heimatliebe und Fernweh**.

Im Idealbild vom deutschen Mittelalter **verwischen sich die Grenzen zwischen Volk und Adel**. Der Taugenichts heiratet bürgerlich, erhält aber ein Schloss zum Geschenk.

Wie sich die **Gattungen** (Prosa, Lyrik) **mischen**, so werden die verschiedenen **Künste** (Dichtung, Malerei, Musik) **miteinander verbunden**.

6.2 Die literarische Epoche der Romantik

Begriff der ‚Romantik'

Der Begriff der ‚Romantik' stammt aus dem französischen Gattungsbegriff ‚roman', mit dem die volkssprachliche Epik im Gegensatz zur lateinischen Literatur bezeichnet wurde. Herder hatte dann die mittelalterliche deutsche Dichtung als ‚romantisch' angesprochen, bis die Romantiker den Ausdruck, der im klassizistischen Zeitalter abwertend für die volkstümlichen Stoffe der Artussage oder des Faustspiels gebraucht worden war, mit einem positiven Sinn versahen und schließlich das Romantische mit dem Dichterischen überhaupt identifizierten. So formuliert z.B. der Dichter Novalis (Friedrich von Hardenberg 1772–1801) das poetische Programm der Romantik 1798 mit folgenden Worten.

‚Romantisierung' der Welt

„Die Welt muß romantisiert werden. So findet man den ursprünglichen Sinn wieder. Romantisieren ist nichts als eine qualitative Potenzierung. Das niedere Selbst wird mit einem besseren Selbst in dieser Operation identifiziert. So wie wir selbst eine solche qualitative Potenzreihe sind. Diese Operation ist noch ganz unbekannt. Indem ich dem Gemeinen einen hohen Sinn, dem gewöhnlichen ein geheimnisvolles Ansehen, dem Bekannten die Würde des Unbekannten, dem Endlichen einen unendlichen Schein gebe, so romantisiere ich es." (Poëticismen Fragment 105)

Vorstellung von einer alle Stände umfassenden Gesamtkultur

Lösung vom Vorbild des klassischen Altertums

Das Programm verrät zugleich, wodurch es motiviert ist. Die Autoren, die sich als ‚Romantiker' verstanden, litten an der Entpoetisierung und Banalisierung ihrer Welt, die zunehmend durch wirtschaftliche Interessen bestimmt wurde. Auch beklagten sie den Verlust einer Gesamtkultur, in welcher die Literatur der Gebildeten und die Volkspoesie noch eine Einheit gebildet hätten. Während die Klassiker eine solche kulturelle Einheit im antiken Griechentum gesehen hatten, verherrlichten die Romantiker eine solche Ganzheitskultur, wie sie sie ersehnten, im deutschen Mittelalter. Damit löste sich die deutsche Literatur zum ersten Mal bewusst vom Vorbild des ‚klassischen Altertums'. Während die Klassik mit ihrer Auffassung den Neuhumanismus des 19. Jahrhunderts begründete, legte die Romantik die Grundlagen zur deutschen ‚Nationalbildung', wie sie in der Schule betrieben wurde.

Mittelalterbegeisterung

In seinem bedeutsamen Aufsatz ‚Die Christenheit oder Europa' (1799) hatte Novalis ein idealisiertes Bild vom christlichen Mittelalter entworfen, das für ihn zugleich eine Zukunftsvision war:

Bild vom ‚christlichen Mittelalter'

„Es waren schöne glänzende Zeiten, wo Europa ein christliches Land war, wo Eine Christenheit diesen menschlich gestalteten Weltteil bewohnte; Ein großes gemeinschaftliches Interesse verband die entlegensten Provinzen dieses weiten geistlichen Reichs."

Reformation und Revolution hätten dieses ideale Reich zerstört. Man würde es wiedererbauen können, wenn man nur davon abließe, „die Geschichte und die Menschheit zu modeln", d. h. nach eigenen Ideen gewaltsam zu verändern. Vielmehr sei es nötig, die Geschichte „zu studieren, ihr nachzugehn, von ihr zu lernen, mit ihr gleichen Schritt zu halten, gläubig ihren Verheißungen und Winken zu folgen".

Geschichte studieren, nicht verändern!

Damit beschäftigten sich nun die Autoren, die sich gegen Ende des 18. Jahrhunderts in Jena zusammenfanden und die romantische Schule begründeten: Tieck und Novalis, die Brüder August Wilhelm und Friedrich Schlegel, dazu die Philosophen Fichte und Schelling. Ihre Arbeiten wurden die Grundlage der neuen Wissenschaft der **Germanistik**.

Entstehung der Germanistik

1803 veröffentlichte Tieck seine Sammlung ‚Minnelieder aus dem schwäbischen Zeitalter', die den jungen Juristen Jacob Grimm für die altdeutsche Dichtung begeisterte. August Wilhelm Schlegel las 1803/4 an der Universität Berlin über die ‚Geschichte der romantischen Literatur im Mittelalter', während Friedrich Heinrich von der Hagen 1810 das Nibelungenlied herausgab.

Doch romantisch waren nicht nur die Werke der staufischen Dichtung, sondern auch die vor langer Zeit vom Volk gedichteten und immer wieder gesungenen Lieder. In Heidelberg gaben Clemens Brentano und Achim von Arnim die erste große Sammlung deutscher Volkslieder unter dem Titel ‚Des Knaben Wunderhorn' heraus (1805 ff.). Während Herder in seinen ‚Stimmen der Völker' (1778/9) Volkslieder vieler Nationen gesammelt und als Vorstufe einer zu erneuernden Kunstdichtung erläutert hatte, gingen die Romantiker von einer ‚dichtenden Volksseele' aus, beschränkten sich auf deutsches Liedgut und beabsichtigten mit ihrer Veröffent-

Sammlungen deutscher Volkslieder, Volksbücher und Volksmärchen in nationalerzieherischer Absicht

lichung eine Verjüngung der Volkskultur und Poesie, durch die die Kluft zwischen Gebildeten und Volk überbrückt werden sollte.

Den gleichen Zweck verfolgten ‚Die Teutschen Volksbücher' (1807) von Joseph Görres und die ‚Kinder- und Hausmärchen' (1812 ff.) der Brüder Jacob und Wilhelm Grimm.

Poetisierung der Welt

Das Symbol der ‚blauen Blume'

Novalis hatte der Dichtung die Aufgabe zugewiesen, „dem Gemeinen einen hohen Sinn" und „dem Endlichen einen unendlichen Schein" zu geben. In seinem Bildungsroman ‚Heinrich von Ofterdingen' (1802), der das Heranreifen eines romantischen Dichters zum Inhalt hat, wird die Dichtung unter dem Traumbild der ‚blauen Blume' als ein Vermögen gefasst, die verborgene Zusammengehörigkeit der Dinge und Lebewesen zu erkennen und zur Sprache zu bringen, ein Vermögen, das eigentlich jeder Mensch besitze: „Es ist gar nichts Besonderes. Es ist die eigentümliche Handlungsweise des menschlichen Geistes. Dichtet und trachtet nicht jeder Mensch in jeder Minute?" (1. Teil, 8. Kap.).

Des Dichters Gespräch mit der Natur

Dieses menschliche Vermögen der Poesie überwindet auch die Grenze zwischen dem Individuum und der Natur: „Wird nicht der Fels ein eigentümliches Du, eben wenn ich ihn anrede? Und was bin ich anders als der Strom, wenn ich wehmütig in seine Wellen hinabschaue, und die Gedanken in seinem Gleiten verliere?" (Die Lehrlinge zu Sais, 2. Kap.)

Ja, in dem Gedicht ‚Wünschelrute' (1835) von Eichendorff wird der Dichter gar zum Erlöser der Natur:

Erlösung der Natur durch „das Zauberwort"

Schläft ein Lied in allen Dingen,
Die da träumen fort und fort,
Und die Welt hebt an zu singen,
Triffst du nur das Zauberwort.

Später kommentiert Eichendorff dieses Gedicht mit den Worten:

„Die arme, gebundene Natur träumt von Erlösung und spricht im Traume in abgebrochenen, wundersamen Lauten, rührend, kindisch, erschütternd, es ist das alte, wunderbare Lied, das in allen

> Dingen schläft. Aber nur ein reiner, gottergebener, keuscher Sinn kennt die Zauberformel, die es weckt.“ (Über die ethische und religiöse Bedeutung der neueren romantischen Poesie in Deutschland 1846)

Hier ist von einem ganz anderen Verhältnis zwischen Dichter und Natur die Rede, als Goethe es in seiner Definition des „Schönen“ als „Manifestation geheimer Naturgesetze“ gemeint hat (s. S. 71). Während es bei ihm um ‚Meisterschaft in der Beschränkung‘ geht, handelt es sich bei Eichendorff um die Überwindung von Grenzen, die das Ich von der Welt trennen, um Sehnsucht nach dem, was jenseits der Grenzen liegt.

Dichter und Natur bei Goethe und Eichendorff

Das Sehnsuchtsmotiv

Ein immer wiederkehrender Begriff der Romantik ist ‚Sehnsucht‘. So heißt es von dem Studenten Anselmus, der in E. T. A. Hoffmanns Märchen ‚Der goldene Topf‘ die poetische Natur verkörpert:

Sehnsucht als Verheißung

> Er fühlte, wie ein unbekanntes Etwas in seinem Innersten sich regte und ihm jenen wonnevollen Schmerz verursachte, der eben die Sehnsucht ist, welche dem Menschen ein anderes höheres Sein verheißt. (Vierte Vigilie)

Diese Sehnsucht, mit der der Mensch nach ‚anderem, höheren Sein‘ sucht, ‚Entgrenzung‘ erstrebt, hat in der Romantik viele Dimensionen:

Entgrenzung

Bewusstseinserweiterung: Die **Nacht** wird als Thema entdeckt; denn sie führt in Schlaf und Traum aus der Tagwelt hinaus und ist auch Bild für den **Tod**, der das Tor zum Jenseits bildet. Die Vorstellung von einem Weiterleben dort sichert die Unendlichkeit des Individuums. Im Schlaf kehrt der Mensch zu seinen organischen Ursprüngen zurück. In der **Symbolik der Träume** zeigt sich eine allen Menschen gemeinsame Sprache, durch die die menschliche Natur mit einem anderen, Höheren oder Niederen, eins zu werden, vermag.

Erfahrungsraum erweitert sich in bisher unbekannte psychische Bereiche

Märchen bevorzugte Gattung

Auch Rausch und Wahn gehören zur romantischen Thematik. Die Grenzen der bekannten Wirklichkeit werden überschritten. Daher wird das **Märchen**, das Reales und Irreales nicht trennt, zur bevorzugten Gattung.

Eichendorff-Gedicht: Beleg für die psychische Qualität der romantischen Sehnsucht

Fernweh und Reiselust: Die Helden der romantischen Erzählungen machen sich – wie Eichendorffs ‚Taugenichts' – aus engen Lebensverhältnissen auf, um eine Welt zu suchen, die als Sehnsuchtstraum in ihrer Fantasie entstanden ist, aber sonst nicht existiert. Das Gedicht ‚Sehnsucht' von Eichendorff (1834) zeigt die Art dieser inneren Regung:

Es schienen so golden die Sterne,
Am Fenster ich einsam stand
Und hörte aus weiter Ferne
Ein Posthorn im stillen Land.
Das Herz mir im Leib entbrennte,
Da hab ich mir heimlich gedacht:
Ach, wer da mitreisen könnte
In der prächtigen Sommernacht!

Zwei junge Gesellen gingen
Vorüber am Bergeshang,
Ich hörte im Wandern sie singen
Die stille Gegend entlang:
Von schwindelnden Felsenschlüften,
Wo die Wälder rauschen so sacht,
Von Quellen, die von den Klüften
Sich stürzen in die Waldesnacht.

Sie sangen von Marmorbildern,
Von Gärten, die überm Gestein
In dämmernden Lauben verwildern,
Palästen im Mondenschein,
Wo die Mädchen am Fenster lauschen,
Wann der Lauten Klang erwacht
Und die Brunnen verschlafen rauschen
In der prächtigen Sommernacht.

Die „Ferne" nur durch das Lied vermittelt

Das lyrische Ich steht „einsam" am Fenster, hört von fern das „Posthorn" und empfindet den Wunsch, da mitzureisen. Alles was es auf so einer Reise zu erleben gibt, erfährt es aus dem Gesang zweier junger „Gesellen". Sowohl die landschaftlichen Eindrücke

(13–16) als auch die Elemente der fremden, offenbar italienischen Kultur (17–24) werden also nicht erlebt, sondern begegnen nur im Lied. Das Ich verharrt „einsam" am Fenster, reist nur in seiner Fantasie. Die „weite Ferne" (3), nach der sich das Ich sehnt, hat keine konkreten Umrisse, sondern bestimmt sich lediglich aus dem Kontrast zwischen dem Eingebundensein des Ich in den Alltagsbetrieb und den „heimlichen" (6) Wünschen nach einer anderen Welt.

Das Ich bleibt zu Hause

Carl Gustav Carus: Fenster am Oybin (Klosterruine im Elbstandstein-Gebirge) bei Mondschein (Öl auf Leinwand). Um 1828

Romantische Ironie

Während die bis zur Klassik geltende Dichtungslehre (Poetik) das literarische Werk als ein geschlossenes Gebilde ansah, das dem Leser als Ergebnis vorgelegt wird wie ein fertiges Bauwerk, von dem man das Gerüst entfernt und alle Hinweise auf den Arbeitsprozess beseitigt hat, lässt sich der romantische Autor gern beim Dichten zuschauen. Zahlreiche Textstellen verweisen auf die Poetik, mit der sich der Autor auseinander setzt, oder erläutern sein literarisches Verfahren.

Hinweise auf den artifiziellen Charakter des literarischen Werks

Im letzten Kapitel des ‚Taugenichts' wird z. B. mit der traditionellen Poetik des Liebesromans gespielt, an dessen Ende die Auflösung aller dem Leser verbliebenen Fragen zu stehen hat. Der „Herr Leonhard" verrät dem Helden das Bauprinzip der Novelle:

„Alle Welt schreit – aber Du hast wohl noch keinen Roman gelesen?“
Ich verneinte es.
„Nun, so hast Du doch einen mitgespielt.“

Das Gottvertrauen des Taugenichts ist also durch die Vorsehung des Romandichters eingelöst worden.

Ironie als Prinzip der dichterischen Willkür

Deshalb hat Ludwig Tieck die Ironie als „die Kraft“ definiert, „die dem Dichter die Herrschaft über den Stoff erhält“. Doch sichert sie ihm auch seine Souveränität im Spiel mit den Formen und literarischen Techniken. So verkündet es Friedrich Schlegel als Programm einer „romantischen Universalpoesie“, „alle getrennten Gattungen der Poesie wieder zu vereinigen“ (Athenäum-Fragment 116).

Gattungsmischung

Daher finden wir bei Eichendorff die Lyrik in den Roman eingebunden, sodass die Gedichte wichtige Bedeutungsaspekte verlieren, wenn man sie dort herauslöst und in eine Gedichtsammlung befördert. Die Lyrik wiederum muss man sich gesungen denken, hat Lied-Charakter.

Verbindung mit der Musik

Nie zuvor ist in der deutschen Literatur Musik als Motiv, als Handlungselement, als Ausdrucksmittel so intensiv verwendet worden wie in der Romantik. Die eigene Produktion ist dabei spielerisch mit den Volksliedern, die die Autoren gesammelt haben, verquickt.

Spiel mit Elementen der Volkspoesie

Motive, Formen und Sprachmittel des Volkslieds werden zum poetischen Kunstmittel. Auch das Fragment als neue Gattung folgt aus dem Prinzip der Ironie.

Fragment als literarische Gattung

Novalis begründet das so: „Als Fragment erscheint das Unvollkommene noch am erträglichsten – und so ist diese Form der Mitteilung dem zu empfehlen, der noch nicht im ganzen fertig ist – und doch einzelne merkwürdige Ansichten zu geben hat“ (Anekdoten 318). Friedrich Schlegel dagegen definiert wie folgt:

Fragment: „wie ein Igel“

„Ein Fragment muß gleich einem kleinen Kunstwerke von der umgebenden Welt ganz abgesondert und in sich selbst vollendet sein wie ein Igel.“ (Kritische Fragmente 206)

Künstlerproblematik

Zum Inhalt des Märchens s. u. S. 100 f.

Struktur des Märchens: Ineinander zweier Handlungsstränge

In dem Märchen ‚Der goldene Topf‘ von Ernst Theodor Amadeus Hoffmann wird die Stellung des Künstlers in der bürgerlichen Gesellschaft in der Struktur des Werkes selbst veranschaulicht. Denn darin sind zwei Handlungsstränge, ein Alltagsgeschehen und eine Märchenhandlung untrennbar miteinander verwoben, wobei die Geisterwelt unmittelbar in das gewöhnliche Leben hineinreicht. Die Liebe zu Serpentina, der Schlange, welche die dichterische Inspiration symbolisiert, befähigt den Studenten Anselmus, die mit rätselhaften Zeichen übersäten Handschriften des Archivarius Lindhorst zu kopieren, womit das poetische Schaffen versinnbildlicht ist. Immer wenn seine bürgerliche Freundin Veronika, die unbedingt seine Frau und Hofrätin werden möchte, ihn in die Philisterwelt hineinzieht, versagt er bei seiner Aufgabe. Der Tintenklecks, der ihm in der 9. Vigilie passiert, ist sozusagen der Verlust seiner Kreativität, die Gefangenschaft in der Flasche und das Ende der poetischen Produktion. Für den Künstler ist also die Philisterwelt, in der er leben muss, eine ständige Gefahr. Denn – wie Novalis formuliert –

Situation des Künstlers: Ineinander von Dichterexistenz und Philisterdasein

Philisterdasein behindert poetisches Schaffen

„Unser Alltagsleben besteht aus lauter erhaltenden, immer wiederkehrenden Verrichtungen. Dieser Zirkel von Gewohnheiten ist nur Mittel zu einem Hauptmittel, unserm irdischen Dasein überhaupt, das aus mannigfaltigen Arten zu existieren gemischt ist.
Philister leben nur ein Alltagsleben. Das Hauptmittel scheint ihr einziger Zweck zu sein. Sie tun das alles, um des irdischen Lebens willen (...).“ (Blüthenstaub 77)

Aus dieser Welt führt Serpentina den Studenten Anselmus in das Märchenland Atlantis, wo er, der Sorgen des Alltagslebens enthoben, sich ganz dem poetischen Schaffen widmen kann. Doch lässt der Erzähler offen, ob es dieses Märchenland wirklich irgendwo gibt oder ob es nur die ‚innere Emigration' des Dichters in der Philistergesellschaft symbolisieren soll.

Dichterexistenz = innere Emigration?

Drei Phasen der Romantik

Man kann drei Phasen der romantischen Bewegung unterscheiden. Die **Frühromantik** war kritisch-wissenschaftlich eingestellt, bildete einen geschlossenen Kreis mit Jena als Mittelpunkt. Die Brüder Schlegel waren die Wortführer. Sie wollten nach dem Verlust der klassischen Harmonie aus der ‚inneren Entzweiung' herausfinden. Als Mittel dazu erschien ihnen eine Abwendung von den antiken Mustern und eine Rückbesinnung auf die mittelalterliche Dichtung geeignet, die sie ‚romantisch' und ‚modern' nannten.

Die jüngere oder **Hochromantik** mit dem Mittelpunkt Heidelberg ist durch die Sammlung und Herausgabe der Zeugnisse der mittelhochdeutschen Dichtung und der Volkspoesie gekennzeichnet.

In der **Spätromantik**, die ihr Zentrum in Berlin hatte, kehrten viele Romantiker zum katholischen Glauben zurück oder konvertierten. Hier gibt es auch eine negativ-nihilistische, so genannte ‚schwarze' Romantik, die Themen wie Ich-Spaltung (Schizophrenie), Verbrechenszwang, Doppelgängertum behandelt (z. B. E. T. A. Hoffmann: Die Elixiere des Teufels).

Überblick

- Mit dem **Begriff ‚romantisch'** wurde die mittelalterliche deutsche Dichtung im Unterschied zur antiken Literatur bezeichnet.
- Dem Dichter wurde die Aufgabe gestellt, die gewöhnliche Welt als geheimnisvoll darzustellen (**‚Romantisieren'**). Denn sie sei durch die ‚Philister' (Erwerbsbürger) banalisiert worden.
- Das **Ideal einer alle Stände umfassenden Gesamtkultur** sah man im Mittelalter verwirklicht. Aus der wissenschaftlichen Beschäftigung mit seiner Literatur entstand die Germanistik: Grimms Märchen, Des Knaben Wunderhorn, Ausgaben der Volksbücher und des Nibelungenlieds.
- **Der Dichter** wird verehrt, weil er mit seinem „Zauberwort" die Natur zum Sprechen zu bringen vermag.
- Zentrales Motiv ist die **‚Sehnsucht'**, d. h. das Bedürfnis nach Lebenserweiterung (Bewusstseinserweiterung, Nachtseite des Lebens, Idealisierung der Kindheit, Fernweh), nach einer anderen Welt (‚Entgrenzung').
- **Romantische Ironie** als souveräner Umgang des Dichters mit Stoff und Form und als Betonung des Prozesscharakters von Dichtung, Mischung der Gattungen und Künste.
- Der **Dichter** existiert **in zwei Welten**, der bürgerlichen (‚Philister') und der Kunstwelt („Leben in der Poesie").
- **Frühromantik** (Auseinandersetzung mit der Klassik), **Hochromantik** (Herausgabe der Werke aus der mittelalterlichen und der Volksdichtung), **Spätromantik** (Wendung zum Katholizismus, auch ‚schwarze' Romantik).

6.3 Autoren

Gleichzeitigkeit von Klassik und Romantik: Generationenabstand

Die Romantik folgt nicht auf die Klassik, sondern entsteht in der Auseinandersetzung mit ihr, begreift sich zunächst als ihre Ergänzung und Erweiterung. Die romantischen Autoren leben in der gleichen historischen Situation wie die Klassiker, nur sind sie etwa eine Generation jünger. Sie gehen während der Französischen Revolution, die sie enthusiastisch begrüßen, noch zur Schule und distanzieren sich daher erst später von ihr, da die Revolution inzwischen die Form der Fremdherrschaft über Europa angenommen hat. Durchweg aus vermögendem oder doch wohlhabendem Hause stammend, können sie studieren und beschäftigen sich dabei statt nur mit dem klassischen vor allem mit dem deutschen Altertum. Die meisten von ihnen finden ihren Lebensunterhalt als Universitätsprofessoren, Staatsbeamte oder können von ihrem Vermögen leben. Sie kommen aus Preußen oder preußischem Einflussgebiet. Einige haben als Offiziere am Befreiungskrieg 1813–15 teilgenommen:

Novalis

August Wilhelm Schlegel (1767–1845), Vater Generalsuperintendent in Hannover, Studium in Göttingen, 1796 in Jena habilitiert, Vorlesungen über Literatur in Berlin, Wien, Bonn

Friedrich Schlegel (1772–1829), sein Bruder und Schüler, habilitiert sich 1801 in Jena, übersiedelt 1808 nach Wien, wird katholisch, 1815–18 österreichischer Legationsrat beim Bundestag in Frankfurt

Novalis = Friedrich Frh. v. Hardenberg (1772–1801), Vater Gutsbesitzer und Salinendirektor, Studium (Philosophie, Jura, Bergbau), Amtshauptmann in Thüringen, stirbt früh an Tuberkulose

Clemens Brentano (1778–1842). Porträtzeichnung von Wilhelm Hensel. 1819

Ludwig Tieck (1773–1853), Vater Seilermeister in Berlin, Studium (Theologie, Philosophie, Anglistik), Italienreise, 1825 Dramaturg am Hoftheater Dresden, 1841 Vorleser bei Friedrich Wilhelm IV. in Berlin

Achim von Arnim (1781–1831), Vater im Staatsdienst in Berlin, begütert in der Mark, Studium der Naturwissenschaften, Reisen, Privatgelehrter und Gutsherr, heiratet 1808 die Schwester von Brentano, mit dem er ‚Des Knaben Wunderhorn' herausgibt

Clemens Brentano (1778–1842), aus einer reichen italienischen Kaufmannsfamilie in Koblenz, unstetes Leben, 1817 aus Liebeskummer (Luise Hensel) Rückkehr zum katholischen Glauben

6

Einzeln wirkende, heute noch populäre Autoren

Während die genannten Autoren einander kannten und auf vielfache Weise literarisch zusammenwirkten, sind die beiden folgenden, die als einzige noch heute populär sind, von wenigen Kontakten mit anderen romantischen Autoren abgesehen, ihren eigenen Weg gegangen:

Ernst Theodor Amadeus Hoffmann (1776–1822), Juristensohn aus Königsberg, Jurastudium, Staatsbeamter in Posen bis zur Gründung des Großherzogtums Warschau 1807, dann Kapellmeister, 1816 Kammergerichtsrat in Berlin, Maler, Dichter und Musiker

Joseph Frh. v. Eichendorff (1788–1857), Vater Gutsbesitzer und preußischer Offizier in Oberschlesien, Jurastudium, preußischer Staatsbeamter bis 1844, danach wechselnde Aufgaben und Aufenthalte

E.T.A. Hoffmann

Joseph von Eichendorff. Miniatur von Josef Raabe. Breslau 1809

6.4 Werke

Zu den Werken der romantischen Autoren ist Folgendes grundsätzlich zu bemerken:

Zum Roman:

Entgegen der früheren Auffassung, die bei der Darstellung der Romantik von der Lyrik ausging, hält man heute – wie die Romantiker selbst in ihren theoretischen Äußerungen – den Roman, wozu auch andere Erzählformen wie Märchen, Novelle, Volksbuch zu zählen sind, für die führende Gattung der Romantik. Die romantische Lyrik entsteht als Bestandteil dieser universellen Gattung, aus deren jeweiligem Zusammenhang sie ihre Funktion und Bedeutung erhält. Sie darf daher nicht als unmittelbare Äußerung eines ‚lyrischen Ichs' genommen, sondern muss als Rollengedicht einer fiktiven Romanfigur und aus dem erzählerischen Kontext verstanden werden. Auch wenn es später ohne diesen Kontext veröffentlicht und im Konzertsaal in komponierter Form als Kunstlied allgemein bekannt gemacht wird, gehört doch das Eingebundensein in den Roman zu seinem Wesen. Dadurch, dass der Autor das Gedicht durch einen Erzähler vermitteln lässt, erhält dieses einen ironischen Charakter. So wird dem Leser durch den Sänger Taugenichts mit dem Lied ‚Wem Gott will rechte Gunst erweisen' das Thema vom Gegensatz der zur Arbeit hinausziehenden Kameraden und dem in die freie Welt aufbrechenden Müllersohn in ironische Perspektive gerückt.

Roman und Erzählung führende Gattung

Lyrik in Erzählung eingebunden

Rollengedicht an die Figur gebunden

Vom Autor ironisch gemeint

Zur Lyrik:

Von großem Einfluss auf die Lyrik war die Sammlung ‚Des Knaben Wunderhorn – Alte deutsche Lieder', welche 1806 und 1808 von Achim von Arnim und Clemens Brentano herausgegeben wurde. Wortlaut und Gestalt der aus alten Drucken, Büchern und Almanachen zusammengesuchten Gedichte wurden dabei verändert, um- und weitergedichtet, zusammengesetzt. Die eigene Produktion der Romantiker war dermaßen mit ihrer Rezeption alter Sagen, Märchen, Lieder verquickt, dass in ihren Werken nur schwer zwischen Zitat, Übersetzung, Bearbeitung und eigener Dichtung unterschieden werden kann. So steckt z. B. in dem Lied „Wem Gott will rechte Gunst erweisen" (s. S. 83. f.) der alte Kirchengesang von Georg Neumark (1621–1681):

Sammlung volkstümlicher Lyrik

Eigene Produktion mit Rezeption von Volksgut und Überlieferung gemischt

Wer nur den lieben Gott läßt walten
Und hoffet auf Ihn allezeit,
Den wird Er wunderbar erhalten (...)

Zum Volkston der Gedichte:

Klassische Bildungslyrik und romantische Gemütslyrik

Gegenüber der vorwiegend an den Geist gerichteten Bildungslyrik der Klassiker stellte die auf Gemüt und Stimmung abzielende romantische Lyrik eine Wende dar. Sie beruhte auf einer schöpferischen Erneuerung des Volksliedes und arbeitete mit seinen Motiven, z. B. Volkstypen wie Müller, Fischer, Student, Spinnerin usw., seinen typischen Situationen wie Wandern, Fahrt, Ständchen, Jagd usw., mit seinen Formen, die einfach und eingängig sind (Strophen, Reim, Refrain). Doch wird diese Kunstlosigkeit, die im alten Volkslied wirklich Kunstlosigkeit war, von den romantischen Autoren ganz bewusst als Kunstmittel eingesetzt. Ist das Volkslied die Redeweise einfacher Menschen aus einer einfacheren Zeit und daher die Aussage einfacher, wenig differenzierter Seelenzustände, so dient dieser einfache Stil dem romantischen Dichter zur Aussage einer komplizierten, ‚modernen' Bewusstseinslage.

Kunstlosigkeit nach dem Muster der Volkspoesie als literarische Technik

E. T. A. Hoffmann: Der goldene Topf. Ein Märchen aus der neuen Zeit (1814):

Alltagswelt mit märchenhaften Zügen vermischt

Der Student Anselmus verdirbt durch seine Zerstreutheit einem alten Apfelweib, das am Schwarzen Tore in Dresden sitzt, die Ware. Er ersetzt den Verlust und bekommt eine ihm unverständliche Verwünschung zu hören. Von nun an wird ihm die Welt des bürgerlichen Alltags, repräsentiert durch den Konrektor Paulmann, dessen Tochter Veronika und den Registrator Heerbrand, märchenhaft verwandelt. Er gerät nämlich in den Kampf hinein, den das Apfelweib, in dem sich eine Hexe verbirgt, mit einem ‚Salamander', d. h. einem Geisterfürsten, führt, der die Gestalt des Archivarius Lindhorst hat, für den Anselmus, um sich etwas Geld zu verdienen, alte Manuskripte kopiert. Dabei verliebt er sich in Serpentina, d. h. Schlange, eine der drei Töchter des Archivarius. Der Herr des Geisterreichs hat den Salamander einst in menschliche Gestalt gebannt, aus der er nur erlöst werden kann, wenn die Töchter Liebhaber finden, die „ein kindliches poetisches Gemüt" haben. Nachdem der Fluch der Alten („Fall ins Kristall") sich an Anselmus erfüllt hat, d. h. er in des Archivarius Bibliothek in ein Glas eingeschlossen wurde, findet dort ein Kampf des Salamanders mit der Hexe statt. Sie wird, besiegt, wieder zur Runkelrübe, Anselmus, aus dem Glas befreit, erhält Serpentina zur Frau. Sie

Veronika und Serpentina verkörpern die bürgerliche Welt und das Reich der Poesie

beziehen „ein Rittergut" im Zauberland Atlantis und erhalten den „Goldenen Topf", aus dem eine Lilie wächst. Er symbolisiert das „tiefste Geheimnis der Natur", den Einklang aller Wesen. Der Archivarius aber klopft dem Erzähler auf die Schulter und schließt mit der Frage, was denn „des Anselmus Seligkeit" anderes sei als „das Leben in der Poesie". Veronika aber ist Frau Hofrätin Heerbrand geworden.

Geheimnis der Natur: Alles ist eins

E.T.A. Hoffmann: Der Sandmann. Erzählung aus dem 1. Teil der ‚Nachtstücke' (1816):
Thema der Erzählung, die im ersten Teil aus drei Briefen besteht, nach denen ein Erzähler das Wort nimmt, ist die Wahrnehmungskrise des Studenten Nathanael, die aus einem Kindheitstrauma herrührt und, sich zum Wahnsinn steigernd, schließlich zum Selbstmord führt. Im Mittelpunkt steht das Auge als Organ der Wahrnehmung, wie schon im Ammenmärchen vom Sandmann, den das Kind im Advokaten Coppelius erkennt, der mit dem Vater chemische Experimente macht, bei denen dieser ums Leben kommt. Die ‚Urszene' mit dem drohenden Sandmann, aus der sich Nathanaels Krankengeschichte entwickelt, spielt in des Vaters Arbeitszimmer, wo sich das Kind versteckt hat, von Coppelius entdeckt und damit bedroht wird, dass es wie ein Automat auseinander genommen werden soll. Die Szene stellt sich als Fiebertraum heraus. An seinem Studienort erscheint dieser ‚Sandmann' in Gestalt des Optikers Coppola wieder, der ihm ein Fernglas („Taschenperspektiv") verkauft, in dem ihm Olimpia, die von Professor Spalanzani gefertigte Puppe, als lebendiger Mensch erscheint, während er Clara, seine Verlobte, für einen Automaten hält. Er bildet sich ein, dass Olimpia, der er seine Gedichte vorliest, ihn zutiefst verstehe, obwohl sie gar nichts zu ihm sagt. Durch die ständige perspektivische Relativierung der erzählten Welt erscheint die Wirklichkeit vieldeutig und undurchschaubar. Der Held, Nathanael, sieht sein Leben – im Unterschied zur Auffassung Claras und ihres Bruders Lothar – der Einwirkung eines dämonischen Geisterreichs ausgesetzt. Der Schlussabschnitt mit dem idyllischen Bild von Claras „häuslichem Glück", in scharfem Schnitt gegen das Bild Nathanaels gesetzt, der „mit zerschmettertem Kopf auf dem Steinpflaster lag", unterstreicht die Ambivalenz der Erzählhaltung, die für den ‚Sandmann' charakteristisch ist.

Geschichte einer pathologischen Wahrnehmungskrise

Ein ‚Perspektiv' verzerrt die Wirklichkeit wahnhaft

Der Held verwechselt die Puppe mit dem lebendigen Menschen

Multiperspektivische Erzählweise

Nathanael fühlt sich dämonischen Kräften ausgesetzt

Zusammenfassung: Romantik

Themen:
Spannung zwischen Philisterwelt und Welt der Poesie (Künstlerproblematik) – Spannung zwischen Heimatliebe und Fernweh.
Sehnsucht nach einer Welt ohne soziale Spannungen und Konfessionsgegensätze, wie man sie sich im christlichen Mittelalter dachte – Der Dichter als Verzauberer der Alltagswelt und als Erlöser der Natur – Einfachheit, Volkstümlichkeit, Kindlichkeit als Ideal.
‚Entgrenzungen' (Nachtseite des Lebens: Schlaf, Traum, Tod – Individuelle Vergangenheit und Vergangenheit des Volkes – Sehnsucht in die Ferne).
Zusammenwirken der Künste (Dichtung, Musik, Malerei).

Gattungen:
Vermischung der Gattungen (Gedichte und Lieder im Roman) – Bedeutendste Gattung Lyrik, da sie – vielfach vertont und dadurch in Haus- und Vereinsmusik weitergegeben – die Vorstellungen davon, was ein ‚Gedicht' sei, bis heute bestimmt – Drama von untergeordneter Bedeutung.

Literarische Technik:
Im Roman unrealistische Erzählweise (Unbestimmtheit von Handlung, Charakter, Ort, Zeit), einfacher Satzbau und Wahl von Wörtern allgemeiner Bedeutung (dadurch vielfältige Interpretierbarkeit).
In der Lyrik Vorbild des Volkslieds (typische Figuren, typische Situationen, typische Motive, Einfachheit der Wortwahl): Kunstlosigkeit als Kunstmittel.
Romantische Ironie: Der Dichter zeigt dem Leser, wie er arbeitet, erörtert Fragen des Dichterhandwerks, veröffentlicht auch Fragmente.

Autoren (nach dem Geburtsjahr geordnet):
August Wilhelm Schlegel (1767)
Friedrich Schlegel (1772)
Novalis (1772)
Ludwig Tieck (1773)
E. T. A. Hoffmann (1776)
Clemens Brentano (1778)
Achim von Arnim (1781)
Joseph von Eichendorff (1788)

Werke:
Novalis: Die Christenheit oder Europa (1799), Heinrich von Ofterdingen (1802)
Ludwig Tieck: Minnelieder aus dem schwäbischen Zeitalter (1803), Volksmärchen (1797)
Arnim/Brentano: Des Knaben Wunderhorn. Alte deutsche Lieder (1805 ff.)
Die Kinder- und Hausmärchen der Brüder Jacob und Wilhelm Grimm (1812 ff.)
E. T. A. Hoffmann: Der goldene Topf (1814), Der Sandmann (1816)
Joseph v. Eichendorff: Aus dem Leben eines Taugenichts (1826)

Das Junge Deutschland (1830–1850)

7

Ende der 'Kunstperiode'

Emanzipation der Prosa

Dichter und Journalist

Zensur und Verfolgung

Fremdbestimmung des Menschen

Mitleid mit den Geringsten

'Fatalismus der Geschichte'

Georg Büchner (1813–1837). Stahlstich

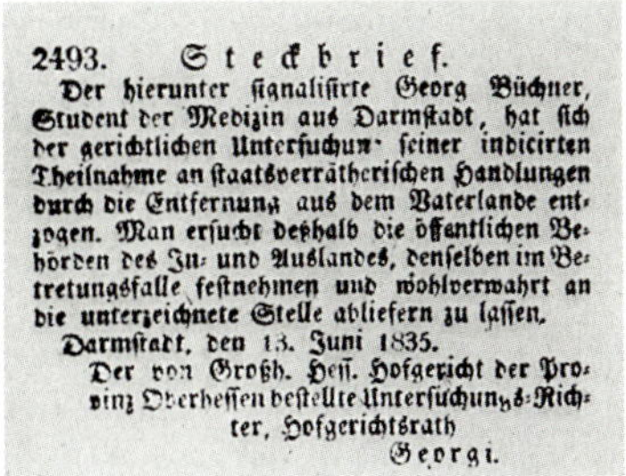

2493. Steckbrief.

Der hierunter signalisirte Georg Büchner, Student der Medizin aus Darmstadt, hat sich der gerichtlichen Untersuchun· seiner indicirten Theilnahme an staatsverrätherischen Handlungen durch die Entfernung aus dem Vaterlande entzogen. Man ersucht deßhalb die öffentlichen Behörden des In- und Auslandes, denselben im Betretungsfalle festnehmen und wohlverwahrt an die unterzeichnete Stelle abliefern zu lassen.

Darmstadt, den 13. Juni 1835.

Der von Großh. Hess. Hofgericht der Provinz Oberhessen bestellte Untersuchungs-Richter, Hofgerichtsrath

Georgi.

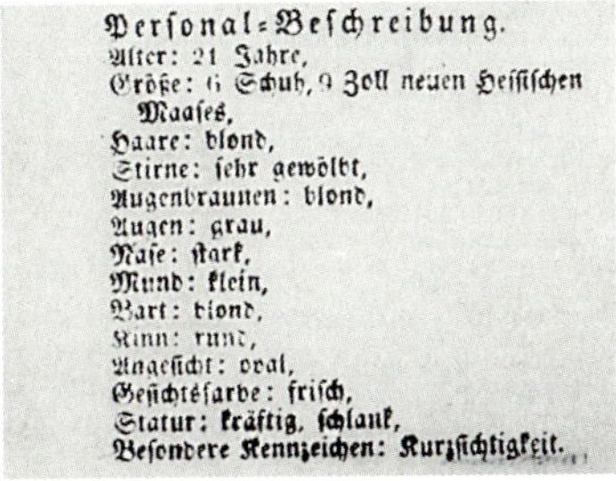

Personal-Beschreibung.

Alter: 21 Jahre,
Größe: 6 Schuh, 9 Zoll neuen Hessischen Maases,
Haare: blond,
Stirne: sehr gewölbt,
Augenbraunen: blond,
Augen: grau,
Nase: stark,
Mund: klein,
Bart: blond,
Kinn: rund,
Angesicht: oval,
Gesichtsfarbe: frisch,
Statur: kräftig, schlank,
Besondere Kennzeichen: Kurzsichtigkeit.

7

7.1 Georg Büchners Drama ‚Woyzeck' (1836/37)

Das historische Material in der Münchner Ausgabe: Georg Büchner, Werke und Briefe, hrsg. v. Karl Pörnbacher u. a.

Mit diesem Drama, das sich im Nachlass des früh verstorbenen Arztes und Dichters fand und erst 1913 uraufgeführt wurde, hat sich Büchner deutlich von der literarischen Tradition der Goethezeit abgesetzt, indem er einen armseligen Menschen vom untersten Rande der Gesellschaft zum ‚Helden' des Stücks machte. In ihm ist der Fall des Barbiers Woyzeck verarbeitet, der 1821 in Leipzig seine Braut erstach und dort 1824 öffentlich hingerichtet wurde. Der Fall löste damals einen Streit unter den Medizinern über die Unzurechnungsfähigkeit des Delinquenten aus. Büchner hatte die Diskussion in den Fachorganen verfolgt. Im Drama hat er aber den Fall nicht einfach dokumentiert, sondern dichterisch umgestaltet. Eine Reihe von Charakterzügen des historischen Woyzeck, seine Tücke, Brutalität und Gefühlskälte, ist weggelassen; Büchners Woyzeck misshandelt seine Geliebte nicht. Stattdessen erhält die Figur solche persönlichen Schwächen, die sie menschlich erscheinen lassen und das Mitleid des Zuschauers zu erregen vermögen. Woyzeck wird zum Exempel einer ganz bestimmten Soziallage und Lebenssituation, aus der sich sein äußeres und inneres Verhalten erklärt und die wiederum anhand dieses Verhaltens transparent gemacht wird. Der Handlungsaufbau ist folgendermaßen:

Handlungsaufbau

Der Soldat Franz Woyzeck hat mit Marie, seiner Geliebten, ein Kind. Um besser für sie sorgen zu können, verdient er sich als Versuchsperson bei einem Arzt, der urologische Forschungen durchführt, ein Zubrot. Marie lässt sich mit einem selbstbewussten Tambourmajor ein, der ihr schöne Augen macht und sie zum Tanzen mitnimmt. Als Marie Woyzeck untreu geworden ist, geht mit Woyzeck sein unterdrücktes Temperament durch. Er leidet unter Halluzinationen, fühlt sich ohnmächtig dem Schicksal ausgeliefert, steht unter Zwang, handeln zu müssen, bis er in seiner Entwürdigung keinen anderen Ausweg findet, als seine geliebte Marie umzubringen. Danach sucht er den Tod im Wasser.

Im Unterschied zum Drama der Aufklärung und der Weimarer Klassik, dessen Sprache – bei aller Differenzierung zur Unterscheidung der Figuren – doch einen hohen, in sich einheitlichen

Stil zeigt, spiegelt sich in der Sprache von Büchners Figuren der soziale Gegensatz zwischen den ‚Reichen' und ‚Gebildeten' einerseits und den ‚Armen' und ‚Ungebildeten' auf der anderen Seite. Diesen Gegensatz veranschaulicht Büchner in einer Schlüsselszene folgendermaßen:

Hauptmann auf einem Stuhl, Woyzeck rasiert ihn:

HAUPTMANN: Langsam, Woyzeck, langsam; eins nach dem andern! Er macht mir ganz schwindlig. Was soll ich dann mit den zehn Minuten anfangen, die Er heut zu früh fertig wird? Woyzeck, bedenk Er, Er hat noch seine schöne dreißig Jahr zu leben, dreißig Jahr! Macht dreihundertsechzig Monate und Tage, Stunden, Minuten! Was will er denn mit der ungeheuren Zeit all anfangen? Teil Er sich ein, Woyzeck!

WOYZECK: Jawohl, Herr Hauptmann!

HAUPTMANN: Es wird mir ganz angst um die Welt, wenn ich an die Ewigkeit denke. Beschäftigung, Woyzeck, Beschäftigung! Ewig, das ist ewig, das ist ewig – das siehst du ein; nun ist es aber wieder nicht ewig, und das ist ein Augenblick, ja ein Augenblick, Woyzeck, es schaudert mich, wenn ich denke, daß sich die Welt in einem Tag herumdreht! Was'n Zeitverschwendung! Wo soll das hinaus? Woyzeck, ich kann kein Mühlrad mehr sehn, oder ich werd melancholisch.

WOYZECK: Jawohl, Herr Hauptmann!

HAUPTMANN: Woyzeck, Er sieht immer so verhetzt aus! Ein guter Mensch tut das nicht, ein guter Mensch, der sein gutes Gewissen hat. – Red er doch was, Woyzeck! Was ist heut für Wetter?

WOYZECK: Schlimm, Herr Hauptmann, schlimm; Wind!

HAUPTMANN: Ich spür's schon, 's ist so was Geschwindes draußen; so ein Wind macht mir den Effekt wie eine Maus. *(Pfiffig).* Ich glaub, wir haben so was aus Süd-Nord?

WOYZECK: Jawohl, Herr Hauptmann!

HAUPTMANN: Ha, ha, ha! Süd-Nord! Ha, ha, ha! Oh, Er ist dumm, ganz abscheulich dumm! *(Gerührt.)* Woyzeck, Er ist ein guter Mensch – aber *(mit Würde)* Woyzeck, Er hat keine Moral! Moral, das ist, wenn man moralisch ist, versteht Er. Es ist ein gutes Wort. Er hat ein Kind, ohne den Segen der Kirche, wie unser hochehrwürdiger Herr Garnisonsprediger sagt, ohne den Segen der Kirche, es ist nicht von mir.

WOYZECK: Herr Hauptmann, der liebe Gott wird den armen Wurm nicht drum ansehen, ob das Amen drüber gesagt ist, eh er gemacht wurde. Der Herr sprach: Lasset die Kleinen zu mir kommen!

HAUPTMANN: Was sagt Er da? Was ist das für eine kuriose Antwort? Er macht mich ganz konfus mit seiner Antwort. Wenn ich sag: Er, so mein ich Ihn, Ihn –

WOYZECK: Wir arme Leut – Sehn Sie, Herr Hauptmann: Geld, Geld! Wer kein Geld hat – Da setz einmal einer seinesgleichen auf die Moral in die Welt. Man hat auch sein Fleisch und Blut. Unsereins ist doch einmal unselig in der und der andern Welt. Ich glaub, wenn wir in Himmel kämen, so müßten wir donnern helfen.

HAUPTMANN: Woyzeck, Er hat keine Tugend, Er ist kein tugendhafter Mensch, Fleisch und Blut? Wenn ich am Fenster lieg, wenn's geregnet hat, und den weißen Strümpfen so nachseh, wie sie über die Gassen springen – verdammt, Woyzeck, da kommt mir die Liebe. Ich hab auch Fleisch und Blut. Aber, Woyzeck, die Tugend, die Tugend! Wie sollte ich dann die Zeit herumbringen? Ich sag mir immer: du bist ein tugendhafter Mensch, *(gerührt)* ein guter Mensch, ein guter Mensch.

WOYZECK: Ja, Herr Hauptmann, die Tugend, ich hab's noch nit so aus. Sehn Sie, wir gemeine Leut, das hat keine Tugend, es kommt einem nur so die Natur; aber wenn ich ein Herr wär und hätt ein' Hut und eine Uhr und eine Anglaise und könnt vornehm reden, ich wollt schon tugendhaft sein. Es muß was Schönes sein um die Tugend, Herr Hauptmann. Aber ich bin ein armer Kerl.

HAUPTMANN: Gut, Woyzeck. Du bist ein guter Mensch, ein guter Mensch. Aber du denkst zuviel, das zehrt; du siehst immer so verhetzt aus. – Der Diskurs hat mich ganz angegriffen. Geh jetzt und renn nicht so; langsam, hübsch langsam die Straße hinunter!

Die Hälfte der Szene (1–34) stellt im Grunde einen Monolog des Hauptmanns dar, auf den Woyzeck nach Untergebenenart reagiert: „Jawohl, Herr Hauptmann": (9, 18, 27). Der Hauptmann beschäftigt sich mit großen Themen, Zeit (5–8) und Ewigkeit (12 f.), Vergänglichkeit (14–17), schließlich mit dem „guten Menschen", der sich nicht so ‚abhetzt' (19) wie sein Bursche, der ihn jeden Tag rasiert. Sein Denken dreht sich im Kreise und kommt nicht vom Fleck, wie es die Bilder vom Jahreszyklus (6), vom Tageslauf (15), vom Mühlrad (16/17) und die vielen Wiederholungen zeigen. Das Philosophieren bringt ihm keine Einsicht, hilft ihm nicht über die Vergänglichkeit hinweg, macht ihn „melancholisch" (17). Doch fühlt er sich seinem Burschen haushoch überlegen und bringt ihn mit seiner Frage nach der Windrichtung absichtlich in Verlegenheit, um sich an seiner ‚Dummheit' zu weiden (28 f.) und seine vermeintliche Überlegenheit zu genießen. Zugleich fühlt er sich ihm auch in sittlicher Hinsicht überlegen, weil Woyzeck ein uneheliches Kind hat. Doch redet er auch hier um die Sache herum und vermag keine Stellung zu beziehen: „Er ist ein guter

Mensch – aber Woyzeck, Er hat keine Moral! Moral, das ist, wenn man moralisch ist, versteht Er“ (29–31). Deshalb versteckt er sich auch mit seinem Urteil hinter der Autorität des „hochehrwürdigen Herrn Garnisonpredigers“ (33).

Des Hauptmanns Monolog und Woyzecks Antworten:

Im Unterschied zu den monologischen Äußerungen des Hauptmanns sind die drei Repliken Woyzecks gedanklich zusammenhängend und aussagekräftig. In seiner ersten Antwort beruft sich Woyzeck gegenüber der Autorität der Kirche auf den „lieben Gott“ (35), d.h. er gibt seinem Gottvertrauen Ausdruck, das er mit einem Bibelzitat (37f. = Ev. Matth. 19,14) bekräftigt. In seiner zweiten Replik artikuliert Woyzeck das Selbstverständnis der „armen Leut“, die sich ‚Moral‘ nicht leisten können, sondern der Natur unterliegen (42f.). Schließlich macht Woyzeck in seiner Reaktion auf des Hauptmanns Selbstdarstellung als „tugendhafter Mensch“ (54f.) auf den Zusammenhang zwischen Tugend, und den materiellen Lebensvoraussetzungen (58ff.) aufmerksam. Woyzeck rechnet dazu nicht nur „Hut“ und „Uhr“ und „Anglaise“ (eine Art Gehrock: 59), sondern auch Bildung („vornehm reden“: 60). Der Hauptmann aber, der über all das verfügt, kann sich nicht vorstellen, dass sein Bursche nicht zur Ruhe kommt, weil er sich abmüht, für Marie und sein Kind zu sorgen: „Aber du denkst zuviel, das zehrt; du siehst immer so verhetzt aus.“ (64/65). Er meint, das ließe sich durch Willensanstrengung ändern, und schickt Woyzeck fort mit der Mahnung, „hübsch langsam die Straße hinunter“ zu gehen (66/67).

1. Kein Vertrauen zur Kirche

2. Die ‚armen Leute‘ können nicht ‚auf die Moral‘ setzen

3. Tugend ist von äußeren Voraussetzungen abhängig

Unfähigkeit, sich in die Soziallage des anderen zu versetzen

Nachdem in der Aufklärung bis hin zur Klassik Freiheit, Selbstbestimmung, Autonomie des Menschen als Inbegriff der ‚Humanität‘ leitende Themen der Literatur waren, wird nun die Frage des **Determinismus** gestellt. Das ‚ich muss‘ hat das ‚ich will‘ abgelöst, wie Büchner in seinem Geschichtsdrama ‚Dantons Tod‘ (1835) den Titelhelden sagen lässt:

Nicht mehr Selbstbestimmung, sondern Fremdbestimmung Thema der Dichtung

> Wer will der Hand fluchen, auf die der Fluch des Muß gefallen? Wer hat das Muß gesprochen, wer? Was ist das, was in uns hurt, lügt, stiehlt und mordet? (II, 5)

Auch auf dem Hauptmann liegt dieses Muss, obwohl er in dem Stück kein Verbrechen begeht. Aber er verhält sich, ohne es zu wissen, nach den Üblichkeiten seines Standes. Denn – wie Büchner im Februar 1834 aus Gießen an seine Familie schreibt –

7

Niemanden verachten, schon gar nicht wegen seiner Unbildung

„Ich verachte niemanden, am wenigsten wegen seines Verstandes oder seiner Bildung, weil es in niemandes Gewalt liegt, kein Dummkopf oder kein Verbrecher zu werden, – weil wir durch gleiche Umstände wohl alle gleich würden, und weil die Umstände außer uns liegen."

Aber Büchner macht eine Ausnahme:

Hass gegen die, die verachten

„Der Haß ist so gut erlaubt als die Liebe, und ich hege ihn in vollstem Maße gegen die, welche verachten. Es ist deren eine große Zahl, die im Besitze einer lächerlichen Äußerlichkeit, die man Bildung (...) heißt, die große Masse ihrer Brüder ihrem verachtenden Egoismus opfern (...)."

Und am Schluss wird auch das Verständnis begründet, das der Dichter in der obigen Szene für seinen Titelhelden zeigt:

Mitleid mit den ‚leidenden, gedrückten Gestalten'

„Ich hoffe noch immer, daß ich leidenden, gedrückten Gestalten mehr mitleidige Blicke zugeworfen, als kalten, vornehmen Herzen bittere Worte gesagt habe."

Fatalismus der Geschichte

Die gesellschaftlichen Kräfte und Zwänge werden transparent gemacht

Was soll Woyzeck mit der Predigt der Willensfreiheit?

Dass ‚Woyzeck' in dieser Szene besser wegkommt als der Hauptmann ist also in Büchners Mitleid mit denen begründet, die in dem „gräßlichen Fatalismus der Geschichte" (Brief an die Braut, um den 9. – 12. 3. 1834) zu schlecht weggekommen sind. Büchner macht die gesellschaftlichen Kräfte und Zwänge transparent, die auf Woyzeck einwirken und sein Denken und Verhalten bestimmen. Dass er arm und ungebildet ist, macht aus ihm den Menschen, der nach dem Maßstab der Besitzenden „unmoralisch" handelt, und treibt ihn am Ende in die geistige Umnachtung. Denn überall trifft er auf Moral- und Tugendlehren, die ihm keine Hilfe geben können. Der Doktor, bei dem er seinen Urin abliefert, predigt ihm die Moral der Willensfreiheit: „Woyzeck, der Mensch ist frei, in dem Menschen verklärt sich die Individualität zur Freiheit (...)." (Szene 8, Münchner Ausgabe S. 242 ff.)

Woyzeck aber weiß nur von der „Natur", die ihn triebhaft handeln und reagieren lässt. Wie soll er sich diesen Widerspruch erklären?

Schließlich wird Woyzeck auch dort getroffen, wo er sich ein Stück eigener Existenz aufgebaut hatte: bei seiner Marie und dem gemeinsamen Kind. Hier schien er als Mensch zu gelten. Aber dieses kleine Glück spielt sich, wie er erfahren muss, in einer Welt der sozialen Gegensätze ab. Den Wettstreit mit dem selbstbewussten Tambourmajor kann Woyzeck nicht gewinnen. So greift er zum Messer. Die in ‚Dantons Tod' gestellte Frage, was „in uns hurt, lügt, stiehlt und mordet", wird also von Büchner an die gesellschaftlichen Umstände, an die Gegensätze des Besitzes und der Bildung verwiesen.

Auch im Privatraum soziale Spannungen
Woyzeck hat keine Chance

Auswirkungen der sozialen Ungleichheit

Büchner stellt hier das Erziehungsprogramm der Klassiker in Frage. Er zeigt, dass deren moralischer Imperativ „Edel sei der Mensch, hilfreich und gut!" (s. o. S. 61) den Privilegierten nur noch als ‚Statussymbol' dient.

Ablehnung des Idealismus der Klassiker

Überblick

- Während die aktuelle **gesellschaftliche Realität** bisher weiterhin ausgeklammert blieb, wird sie nunmehr zum **Thema der Literatur**.
- An die Stelle des **Menschenbildes der Aufklärung** (Freiheit und Selbstbestimmung) tritt nun ein Konzept, in dem der Mensch durch **Triebnatur, Fremdbestimmung und gesellschaftliche Zwänge** charakterisiert wird.
- **Bildung** galt in der Klassik als Voraussetzung der Menschlichkeit (Humanität), nun erscheint sie in kritischer Perspektive als **Statussymbol und Selbsttäuschung**.
- Statt geschichtsphilosophischer Entwürfe der Zukunft gibt der Dichter Beispiele des **„Geschichtsfatalismus"**, die den Menschen zum **Mitleid mit den Bedrängten** auffordern.
- Zum ersten Mal ist eine dramatische **Hauptfigur aus dem Kreis der „armen Leute"** genommen, die über keinerlei Bildung verfügt und sich nur unvollkommen artikulieren kann.
- Durch Figurenkonstellation und Handlung wird die **Frage nach der ungleichen Verteilung** der äußeren Lebensbedingungen und der sozialen Privilegien gestellt.

7.2 Die literarische Epoche des ‚Jungen Deutschland'

Die Restaurationszeit 1815–1848

Auf dem Wiener Kongress 1815 haben die europäischen Mächte unter Geschäftsführung des Fürsten Metternich die Neuordnung Europas durch Wiederherstellung (‚Restauration') des politischen Zustandes von 1792 vorgenommen. Die durch das französische Vorbild angeregten Reformen wurden in Preußen und den anderen deutschen Feudalstaaten wieder rückgängig gemacht. Im März 1848 führten Aufstände in Berlin, München und Wien zu einigen Veränderungen des politischen Systems im Sinne einer konstitutionellen Monarchie mit verstärktem Einfluss des liberalen Großbürgertums, ohne dass die absolutistische Staatsform abgeschafft wurde. Die Bürger blieben weiterhin Untertanen. Ihre Bewusstseinslage war durch den Widerspruch zwischen ihrer wachsenden wirtschaftlichen Bedeutung und ihrer politischen Bedeutungslosigkeit in der Feudalaristokratie gekennzeichnet. Für diese Bewusstseinslage war die Julirevolution 1830 in Frankreich insofern ein wichtiger Einschnitt, als den deutschen Bürgern im Nachbarland vorgeführt wurde, dass es möglich ist, einen König, der sich nicht an die Verfassung hält, abzusetzen und durch einen ‚Bürgerkönig' (Louis Philippe) auszutauschen. Nach diesem Einschnitt wuchs die Unzufriedenheit mit den politischen Verhältnissen und es entstand ein Publikum für Literatur, in der Kritik an den sozialen und politischen Zuständen in Deutschland geübt wurde.

Keine wesentlichen Änderungen durch die Märzrevolution 1848

Anwachsen kritischen Bewusstseins im deutschen Bürgertum angesichts der Julirevolution 1830 in Frankreich

Publikum für kritische Schriftsteller

Die Autoren solcher Veröffentlichungen heben sich in den 30er und 40er Jahren des 19. Jahrhunderts deutlich von den übrigen literarischen Richtungen ab, welche die klassische oder romantische Tradition fortsetzten (‚Biedermeier': Annette v. Droste-Hülshoff 1797–1848, Eduard Mörike 1804–1875). Man fasst jene kritischen Autoren unter dem Begriff ‚Das Junge Deutschland' zusammen. Einer von ihnen, Ludolf Wienbarg, hatte den Begriff in seiner germanistischen Antrittsvorlesung 1834 in Kiel geprägt:

‚Das Junge Deutschland' hebt sich als eigene Epoche heraus

Herkunft des Begriffs

> „Dir, junges Deutschland, widme ich diese Reden, nicht dem alten. Ein jeder Schriftsteller sollte nur gleich von vornherein erklären, welchem Deutschland er sein Buch bestimmt und in wessen Händen er dasselbe zu sehen wünscht (...)."

Damit war also das Prinzip der Parteinahme in die Literatur eingeführt. Der Beschluss des Deutschen Bundestages vom 10. 12. 1836 übernahm den Begriff dann in den Text seines Publikationsverbots für Heinrich Heine, Karl Gutzkow, Ludolf Wienbarg u. a. Die Begründung lautete, dass diese Autoren es darauf anlegten, „die christliche Religion auf die frechste Weise anzugreifen, die bestehenden sozialen Verhältnisse herabzuwürdigen und alle Zucht und Sittlichkeit zu zerstören". Georg Büchner ist hier zwar nicht genannt, war aber zur Fahndung ausgeschrieben, weil er in seiner Flugschrift ‚Der Hessische Landbote' (1834) anhand der Zahlen des Staatshaushalts seine Landsleute über ihre Ausbeutung unterrichtet hatte. Trotzdem rechnet sich Büchner nicht zu dieser literarischen Gruppe, weil er gesellschaftliche Veränderungen ohne Gewalt nicht für möglich, ‚Tagesliteratur' für politisch wirkungslos hält, wie er am 6. 4. 1833 an die Familie schreibt. Gleichwohl treffen die Merkmale, durch die sich der Kreis des ‚Jungen Deutschland' von der übrigen zeitgenössischen Literatur abhebt, auch auf Büchner zu, der mit Heine zusammen für uns heute diese Epoche repräsentiert.

Parteilichkeit bei der Betrachtung von Literatur

Vorwurf der „Herabwürdigung der bestehenden sozialen Verhältnisse"

Büchner hält ‚Tagesliteratur' für politisch wirkungslos

Das Ende der ‚Kunstperiode'

Schon Ende der 20er Jahre hat Heine das „Ende der Kunstperiode" prophezeit, „die bei der Wiege Goethes anfing und bei seinem Sarge aufhören wird". Dieses Ende war nun am 22. 3. 1832 gekommen. Auch die anderen Schriftsteller des ‚Jungen Deutschland' wurden sich nun des Gegensatzes bewusst, der zwischen einer Epoche, deren herrschenden Mittelpunkt die Idee der Kunst gebildet hatte, und ihrer Gegenwart bestand. Sie sahen keine Möglichkeit mehr, „ihre Kunst von der Politik des Tages" zu trennen. Heine lobt seine Schriftstellerkollegen, „die keinen Unterschied machen wollen zwischen Leben und Schreiben, die nimmermehr die Politik trennen von Wissenschaft, Kunst und Religion, und die zu gleicher Zeit Künstler, Tribun und Apostel sind." (Die Romantische Schule 1834).

Goethes Tod als Zäsur

Bewusstsein vom Gegensatz der eigenen Gegenwart zur ‚Kunstperiode'

Georg Herwegh sieht den Gegensatz zwischen seiner Gegenwart und der ‚Kunstperiode' so: „Der Dichter vereinsamt nicht mehr, er sagt sich von keiner gesellschaftlichen Beziehung mehr los, kein Interesse des Volkes und der Menschheit bleibt seinem Herzen fremd; er ist nicht nur demokratischer, er ist auch universeller geworden." (Die neue Literatur 1839.)

Der Dichter ist demokratischer geworden

Gemeinsam war den Dichtern des ‚Jungen Deutschland' ein besonderes Interesse an der Zeitgeschichte. Statt die Welt zu ‚romantisieren' (s. o. S. 88), behandelten sie Themen ihrer Gegenwart in verständlicher Weise und in kritischer Absicht.

Journalistische Tätigkeit

Dichter- und Mäzenatentum abgelöst durch Journalismus und kapitalistische Literaturproduktion

Die neue Zeit veränderte auch die Arbeitsweise des Schriftstellers. An die Stelle des Dichters, der in Abhängigkeit von einem adligen Mäzen für ein eng begrenztes Publikum schrieb, trat der freie Schriftsteller, der seinen Lebensunterhalt als Journalist verdienen musste. Die literarischen Zentren verlagerten sich von den Residenzen (Weimar, Braunschweig) in die Großstädte (Köln, Berlin, Hamburg). Dort konzentrierten sich die wichtigsten Verlage und die großen Zeitungen. Auftragsarbeit und hohe Auflagen kennzeichneten diese als kapitalistische Unternehmungen. Die ‚Jungdeutschen' verstanden ihre ‚Tagesliteratur' als eine „Emanzipation der Prosa", d. h. sie stellten auch ihre journalistischen Beiträge gleichberechtigt neben die Poesie und begründeten diese Gleichstellung damit, dass die Prosa die Ausdrucksform der demokratischen Gegenwart, die gebundene Rede aber Kennzeichen der vergangenen Hofkultur sei.

Programm einer „Emanzipation der Prosa"

Heine als Korrespondent in Paris

Als Journalist hat es der Schriftsteller aber mit aktuellen Ereignissen zu tun, für deren Bedeutung er ein Gespür haben muss. So berichtet Heine z. B. anlässlich der Eröffnung der Eisenbahnlinien nach Rouen und Orleans am 5. 5. 1843 aus Paris für die Augsburger ‚Allgemeine Zeitung':

„Die ganze Bevölkerung von Paris bildet in diesem Augenblick gleichsam eine Kette, wo einer dem anderen den elektrischen Schlag mitteilt. Während aber die große Menge verdutzt und betäubt die äußere Erscheinung der großen Bewegungsmächte anstarrt, erfaßt den Denker ein unheimliches Grauen, wie wir es immer empfinden, wenn das Ungeheuerste, das Unerhörteste geschieht, dessen Folgen unabsehbar und unberechenbar sind …"

‚Zerrissenheit' als Lebensgefühl

7

Zwischen Idealismus und Realismus

Die Autoren des ‚Jungen Deutschland' stehen zwischen dem Idealismus der ‚Kunstperiode' und den realen Veränderungen ihrer Gegenwart, über die sie mit der Sprache und den Formmitteln reden müssen, die sie von jener Tradition gelernt haben. Die ‚Zerrissenheit', die das Publikum daraufhin in ihren Schriften bemerkt und tadelt, erklärt Heine so:

Die Welt ist entzweigerissen

„Ach, teuerer Leser, wenn Du über jene Zerrissenheit klagen willst, so beklage lieber, daß die Welt selbst mitten entzweigerissen ist. Denn da das Herz des Dichters der Mittelpunkt der Welt ist, so mußte es wohl in jetziger Zeit jämmerlich zerrissen werden (…)." (Die Bäder von Lucca.)

Büchner aber bemerkt in einem Brief an Gutzkow vom Juni 1836 aus Straßburg, dass die soziale Zerrissenheit politische Reformen behindert:

Der Riss geht mitten durch die Gesellschaft

„Die Gesellschaft mittelst der Idee, von der gebildeten Klasse aus reformieren? Unmöglich! Unsere Zeit ist rein materiell, wären Sie je direkter politisch zu Werke gegangen, so wären Sie bald auf den Punkt gekommen, wo die Reform von selbst aufgehört hätte. Sie werden nie über den Riß zwischen der gebildeten und ungebildeten Gesellschaft hinauskommen."

Diesen Riss erlebt natürlich ein hochgebildeter Dichter, der dem Idealismus Menschenverachtung vorwirft, besonders schmerzlich.

Sprachliche Manifestation der Zerrissenheit bei Heine

Bei Heine wird die ‚Zerrissenheit' auch sprachlich manifest, in den Umbrüchen aus der Sprache der ‚Kunstperiode' in den journalistischen Stil, z. B. hier, wo alte und neue Elemente in einer Montage verbunden werden (1824):

Die Jahre kommen und gehen,
Geschlechter steigen ins Grab,
Doch nimmer vergeht die Liebe,
Die ich im Herzen hab.

Nur einmal noch möcht ich dich sehen,
Und sinken vor dir aufs Knie,
Und sterbend zu dir sprechen:
Madame, ich liebe Sie!

Konventioneller Gebrauch der Tradition

Die Wendung der letzten Zeile betont, dass hier die traditionellen Motive (Generationenfolge, ewige Liebe, letzter Wunsch), als Konvention verwendet, nichts mehr besagen.

Politische Tendenz und literarischer Wert

Was ist wertvoller, die Tendenz oder die Kunstleistung?

Büchner und Heine trennen ihr Dichtertum von ihrer politischen Rolle

In seiner Auseinandersetzung mit dem Journalisten Ludwig Börne (1786–1837), der vom Dichter fordert, dass er sein Wort in den Dienst der Politik stelle, hat Heine betont, dass der literarische Wert eines Werkes entscheidend sei, nicht die politische Tendenz. Denn die „Taten" des politischen Dichters beständen ja „eigentlich in Worten". Solange er noch dichte und nicht die Dichtung durch die politische Tat ersetze, müsse er nach seiner literarischen Leistung beurteilt werden. Wer dagegen einseitig die politische Tendenz lobe, löse den Inhalt eines Werkes aus seiner sprachlichen Form heraus und gebe die Kunst preis, ohne etwas für die Tat zu gewinnen. Durch diese Auffassung unterscheiden sich Heine und Büchner, der seine Rolle als Dichter streng von seiner Tätigkeit als Revolutionär getrennt hatte, von anderen Autoren des ‚Jungen Deutschland', z. B. von Georg Herwegh (1817–1875). Dieser stellte sein Dichtertum in den Dienst seiner politischen Absichten. Daher besteht sein Werk vor allem aus leidenschaftlichen Kampfaufrufen:

Reißt die Kreuze aus der Erden!
Alle sollen Schwerter werden,
Gott im Himmel wird's verzeihn …
(1841)

Wegen ihres Hinarbeitens auf eine Revolution, wie sie dann im März 1848 in verschiedenen deutschen Staaten losbrach, hat man diese Autoren unter dem von Franz Grillparzer (1791–1872) geprägten Begriff des ‚Vormärz' zusammengefasst. Allerdings erscheint ihre Lyrik so zeitgebunden, dass sie für uns nur noch von historischem Interesse ist, während das Werk von Büchner und Heine in seiner Bedeutung eigentlich erst in unserem Jahrhundert entdeckt worden ist.

Begriff des ‚Vormärz'

Zeitgebundenheit der lyrischen Kampfaufrufe

Überblick

- Nach 1815 blieben die Bürger zwar weiterhin Untertanen (Restauration), erhoben aber aufgrund ihrer wirtschaftlichen Bedeutung, ermutigt durch die Julirevolution 1830 in Paris, **Anspruch auf politische Mitsprache**.
- **Kritische Autoren**, die nach dem **Ende der ‚Kunstperiode'** (= Goethezeit) sich mit den **Problemen der Gegenwart** befassten und ihre Rolle neu definierten, fanden so ihr Publikum. Sie wollten **keinen Unterschied** mehr machen **zwischen Kunst** und politischem **Leben**, das sie für reformbedürftig hielten.
- Infolge kapitalistischer Produktionsbedingungen für die Literatur (Verlage, Zeitungen) leben die Autoren von **journalistischer Tätigkeit**, wodurch die **Prosa** gegenüber der **Poesie** eine neue Bewertung erfährt.
- Da die Bildung immer noch von der Literatur der ‚Kunstperiode' bestimmt ist, in der sie ihre geistige Heimat haben, leiden die Autoren des ‚Jungen Deutschland' unter einer **inneren Zerrissenheit**, die sich auch in der literarischen Form ihrer Werke äußert.
- Innerhalb des ‚Jungen Deutschland' gibt es eine **Auseinandersetzung darüber, ob der** programmatische **Inhalt oder die** künstlerische **Form**, über die Bedeutung eines Dichters **entscheide**. Büchner und Heine weigern sich, ihr Dichtertum in den Dienst der Tagespolitik zu stellen.

7.3 Autoren

Büchner, der Revolutionär

Georg Büchner, als Arztsohn 1813 in Hessen geboren, Studium der Medizin in Straßburg und Gießen, 1834 Gründung einer ‚Gesellschaft für Menschenrechte', politische Flugschrift ‚Der Hessische Landbote', 1835 Haftbefehl, Flucht nach Straßburg, Promotion zum Dr. med. in Zürich, dort 1836 Probevorlesung, 1837 Tod durch Typhus

Heine, der Emigrant

Heinrich Heine, als Sohn eines jüdischen Kaufmanns 1797 in Düsseldorf geboren, 1816 Bankkaufmann bei seinem Onkel in Hamburg, Jurastudium 1825 mit der Promotion abgeschlossen, geht 1831 als Journalist nach Paris, mehrere Deutschlandreisen, seit 1848 bis zu seinem Tod 1856 bettlägerig („Matratzengruft")

Heinrich Heine (1797–1856)

7.4 Werke

Besondere Verwendung der traditionellen Gattungen

Die Epoche ist durch Werke aller drei Gattungen vertreten. Doch werden sie in neuer Weise verwendet. In seinen **Dramen** arbeitet Büchner von einer **dokumentarischen Grundlage** aus und gibt seinen Stücken die **offene Form** einer ungegliederten Szenenfolge. Auch in der **Erzählung** ‚Lenz' hält er sich an **dokumentarisches Material**.

Die **Lyrik** ist durch die Gedichtzyklen von Heine vertreten, der in der **Tradition der Romantik** steht, diese aber durch **parodistische Verwendung** ihrer Formen in Frage stellt.

Journalistische Gattungen

Neu sind in dieser Epoche die **journalistischen Formen** der Berichterstattung und der Sozialkritik, wie sie Büchner im ‚Hessischen Landboten' oder Heine in seinen ‚Reisebildern' zeigt. Heine wählte die Gattung des Reiseberichts als Medium der Gesellschaftskritik, um die staatliche Zensurbehörde irrezuführen.

Heinrich Heine: Das Buch der Lieder (1827):

Die Romantik: Heines unglückliche Liebe

In dieser Gedichtsammlung in Zyklen verwendet Heine meisterhaft romantische Stimmungs- und Stilmittel, doch tut er es mit Ironie. Das leitende Motiv ist die unglückliche Liebe als Metapher für Ausgrenzung (Scheitern von Berufsplänen, Bewusstsein des „nie abzuwaschenden Juden"), für Leiden unter der Reaktion (Unterdrückung der Schriftsteller durch die ‚Karlsbader Beschlüsse' 1819) und unter der wachsenden Entfernung zwischen Poesie und Wirklichkeit.

Heinrich Heine: Deutschland. Ein Wintermärchen (1844):

Verspottung der deutschen Nationalbildung

Politisch-satirisches Versepos, in dem am Leitfaden einer Reise von Aachen nach Hamburg Kritik an den politischen Zuständen, vor allem in Preußen, und an der Untertanenhaltung der Deutschen geübt wird. Vierzeilige gereimte Strophen in jambischem Versmaß.

Für seine Reise, die er 1843 unternahm, gibt Heine Heimweh als Motiv an. Er war schon 13 Jahre im Exil und wollte seine 72-jährige Mutter, die in Hamburg lebte, noch einmal wiedersehen.

Demontage des Mythos vom deutschen Mittelalter

Im Mittelpunkt steht die Auseinandersetzung mit dem in der Romantik und während der Befreiungskriege entstandenen falschen Bild vom deutschen Mittelalter. In den Kapiteln XIV bis XVI unterhält sich der Erzähler im Kyffhäuser mit Kaiser Rotbart, der zu Pferde das Reich wiederherstellen will, aber sehr erschrickt, als er von der Möglichkeit hört, dass gekrönte Häupter auf der Guillotine enden können. Der Erzähler verabschiedet sich von ihm mit den Worten:

Das beste wäre, du bliebest zu Haus,
Hier in dem alten Kyffhäuser –
Bedenk ich die Sache ganz genau,
So brauchen wir gar keinen Kaiser.

Die Symbole einer deutschen Nationalbildung im 19. Jahrhundert

Auch die übrigen Symbole für die Errichtung eines deutschen Kaiserreichs werden satirisch behandelt: Karl der Große in Aachen (III), der Dombau in Köln (IV), der „Vater Rhein" (V) und das Hermannsdenkmal im Teutoburger Wald (XI). Diesem Mittelalterbild stellt Heine seine Zukunftsvision eines republikanischen Europa entgegen (I):

Europa als Thema

Die Jungfer Europa ist verlobt
Mit dem schönsten Geniusse
Der Freiheit, sie liegen einander im Arm,
Sie schwelgen im ersten Kusse.

Und fehlt der Pfaffensegen dabei,
Die Ehe wird gültig nicht minder –
Es lebe Bräutigam und Braut,
Und ihre zukünftigen Kinder!

Büchner und Heine lassen sich nicht vereinnahmen

So wie Büchner sich dagegen gewehrt hat, für die ‚Jungdeutschen' vereinnahmt zu werden (s. o. S. 111), lehnt auch Heine eine Parteinahme ab. Die Mutter fragt ihn in Hamburg:

Mein liebes Kind, wie denkst du jetzt?
Treibst du noch immer aus Neigung
Die Politik? Zu welcher Partei
Gehörst du mit Überzeugung?

Heines Antwort besteht aus einem Lob der Apfelsinen, die ihm die Mutter vorgesetzt hat (Kap. XX).

Georg Büchner: Dantons Tod (1835):

Eine neue Art des Dramas

Dramatische Bilder aus Frankreichs Schreckensherrschaft, Drama in 4 Akten, in Prosa, lockere Szenenfolge, beruht – wie der ‚Woyzeck' – auf intensivem Quellenstudium. Ganze Partien wurden aus den Originalreden der Revolutionäre übernommen. Die Personenkonstellation beruht auf dem Gegensatz zwischen dem geistreichen, genussfrohen Danton, der des Kämpfens und Mordens müde ist, und dem asketischen Robespierre, der im Jakobinerclub Terror predigt. Nachdem Verhaftung und Verurteilung unabwendbar geworden sind, verteidigt sich Danton vor dem Tribunal, nimmt im Gefängnis Abschied von seinen Freunden und lässt sich ruhig zur Guillotine führen. Zum ersten Mal in der Geschichte des Dramas tritt das Volk als dramatische Person auf (Straßenszenen: I, 2/II, 2/II, 6/III, 10/IV, 4/IV, 7–9). Zum ersten Mal gibt es historische Szenen unter Verwendung dokumentarischen Materials (Jakobinerklub I, 3; Nationalkonvent II, 7; Wohlfahrtsausschuss III, 6). In einem nächtlichen Gespräch mit Julie (II, 5) rückt Danton das Geschehen in die Perspektive, die der Dichter in einem Brief an die Braut (März 1834 aus Gießen) mit dem Begriff ‚Fatalismus der Geschichte' charakterisiert hat:

Volk als dramatische Person

Verwendung dokumentarischen Materials

„Puppen sind wir von unbekannten Gewalten am Draht gezogen; nichts – nichts wir selbst! Die Schwerter, mit denen Geister kämpfen, man sieht nur die Hände nicht, wie im Märchen."

Das ist der Abschied vom Schiller'schen Idealismus des autonomen Menschen (s. o. S. 64 ff.)!

Georg Büchner: Lenz. Erzählung (Fragment postum 1839):

Zu dem Sturm-und-Drang-Dichter Lenz s. S. 50

Büchner verarbeitet hier die Krankengeschichte von Jakob Michael Reinhold Lenz, seines großen Vorbilds als Dramatiker. Lenz hatte nach Ausbrüchen geistiger Störung bei Pfarrer Oberlin im Elsass Aufenthalt erhalten. Büchner stützt sich in seiner Erzählung auf Aufzeichnungen Oberlins. Er legt Lenz seine Ablehnung der Klassik in den Mund: „Dieser Idealismus ist die schmählichste Verachtung der menschlichen Natur. Man versuche es einmal und senke sich in das Leben des Geringsten und gebe es wieder in den Zuckungen, den Andeutungen …" Der Text endet offen: „So lebte er hin".

Büchner, Georg: ‚Lenz' und Oberlins Aufzeichnungen. In Gegenüberstellung. Textausgabe mit Materialen. Klett Verlag, Stuttgart.

Zusammenfassung: Das Junge Deutschland

Themen:
Politische und gesellschaftliche **Probleme der eigenen Gegenwart**.
Kritik am Feudalsystem, an der Ausbeutung der Menschen durch den Staat, am Mythos des mittelalterlichen Kaisertums.
Bedingtheit des Menschen durch Triebnatur, Soziallage, Fremdbestimmung.
Zerrissenheit des Individuums in einer Übergangszeit (Ende der ‚Kunstperiode', Trennung von Kunst und gesellschaftlichem Alltag nicht mehr zeitgemäß).

Gattungen:
Sowohl **Drama** wie **Erzählung** und **Lyrik** sind mit bedeutenden Werken vertreten.
Dazu kommen **journalistische Formen** (Berichterstattung, Literaturkritik, Feuilleton).

Literarische Technik:
Im **Drama** offene Form (Szenenreihe: Stationendrama), Vielfalt der Sprachstile (auch Unterschichtsprache und Dialekt), Held aus geringstem Stande, Verwendung dokumentarischen Materials (Textmontage).
Erzählung auf dokumentarischer Grundlage.
Lyrik: Parodistische Verwendung der Elemente der romantischen Lyrik (Motive, Vokabular, Stil) durch Montage und Wechsel ins Paradox.

Autoren:
Heinrich Heine (1797–1856)
Georg Büchner (1813–1837)

Werke:
Heinrich Heine: Buch der Lieder (1827), Deutschland. Ein Wintermärchen. Politisch-satirisches Versepos (1844)
Georg Büchner: Dantons Tod. Drama in 4 Akten (1835), Lenz. Erzählung (postum 1839), Woyzeck. Drama ohne Akteinteilung (postum 1877)

Poetischer Realismus (1850 – 1895)

8

Objektive Darstellung der Realität

Distanz und Humor

Keine Parteinahme

Skepsis gegenüber der Gesellschaft

Besitzbürger ⟷ Bildungsbürger

Konventionen

Das Duell – ein Gebot der Ehre …

Das Duell zweier Herren mit ihren Sekundanten (Gehilfen der Duellanten) am frühen Morgen (Illustration um 1900).

Illustration zu „Effi Briest“ von Max Liebermann

„Ein Streber war er, weiter nichts. – Ehre, Ehre, Ehre … und dann hat er den armen Kerl totgeschossen, den ich nicht einmal liebte und den ich vergessen hatte, weil ich ihn nicht liebte …“ ('Effi Briest', 33. Kap.)

8.1 Theodor Fontanes Roman ‚Effi Briest' (1894/95)

Der bekannteste Roman der Epoche

Das meistgelesene, auch heute noch populäre, mehrfach verfilmte Werk aus der Epoche des Realismus ist Fontanes Roman ‚Effi Briest', dessen Entwurf in das Jahr 1890 zurückreicht. Er basiert auf einer wahren Geschichte, deren Einzelheiten der Dichter nach seinen Absichten veränderte. Der Roman hat folgenden Inhalt:

Inhalt des Romans

Einsamkeit der jungen Ehefrau

Man tut, was die Gesellschaft erwartet

Der 38-jährige Landrat von Innstetten hält anlässlich eines Besuchs bei der Familie Briest um die Hand der 17-jährigen Tochter Effi an, die von ihrem kindlichen Spiel mit ihren Freundinnen zu diesem Ereignis ins Haus gerufen wird. Innstetten hatte einst vergeblich um die Mutter geworben, die jedoch den gesellschaftlich höher stehenden Herrn von Briest vorgezogen hatte. Der Verlobung folgt rasch die Hochzeit. Schon auf der obligaten Venedig-Reise erweist sich die schulmeisterliche Art des Gatten seiner Frau gegenüber als Belastung des Verhältnisses. In Kessin, dem Dienstort ihres Mannes, in dem sie sich nicht wohlfühlen kann, gerät sie unter den Einfluss des dortigen Standortkommandanten Major Crampas, eines gebildeten Lebemanns, der die Kontrastfigur zu dem prinzipienstrengen Innstetten darstellt, für den die Karriere wichtig ist und der deshalb Effi oft allein lässt. Der Umgang mit Crampas wird daher enger, als es einer jungen Ehefrau ansteht. Die Beförderung und Versetzung ihres Mannes nach Berlin beendet das Verhältnis mit dem, im Grunde ungeliebten, Hausfreund. Nach sieben Jahren findet Innstetten durch Zufall die Briefe, die Crampas seinerzeit an Effi geschrieben hatte. Trotz seiner Bedenken – die Sache liegt Jahre zurück und er liebt seine Frau – fühlt sich Innstetten verpflichtet, Crampas zum Duell zu fordern. Dieses findet in den Dünen von Kessin statt; Crampas fällt tödlich getroffen. Innstetten kann darüber nicht froh werden. Bei der – von der Gesellschaft erwarteten – Scheidung erhält er das Sorgerecht für die gemeinsame Tochter, die er nun in seinem Sinne erzieht. Effi ist nicht mehr ‚gesellschaftsfähig' und vereinsamt. Ein Besuch des Kindes bei der Mutter, die vergeblich eine Umarmung erwartet, führt zu einem Nervenzusammenbruch, von dem sich Effi nicht mehr erholt. Die Eltern nehmen sie auf ärztlichen Rat wieder auf, sodass sie in der Umgebung ihrer Kindheit noch einige glückliche Monate verlebt. Das Nachdenken über Schuldzuweisungen wehrt der Erzähler ab, indem er den alten Briest zum Schluss sagen lässt: „Ach, Luise, laß (...) Das ist ein zu weites Feld".

Eine Schlüsselstelle des Romans ist die folgende, in der sich Innstetten vor dem Duell mit seinem Kollegen Wüllersdorf bespricht, den er auch bittet, die Rolle des Sekundanten zu übernehmen:

„Es steht so, daß ich unendlich unglücklich bin; ich bin gekränkt, schändlich hintergangen, aber trotzdem, ich bin ohne jedes Gefühl von Haß oder gar von Durst nach Rache. Und wenn ich mich frage, warum nicht? so kann ich zunächst nichts anderes finden als die Jahre. Man spricht immer von unsühnbarer Schuld; vor Gott ist es gewiß falsch, aber vor den Menschen auch. Ich hätte nie geglaubt, daß die *Zeit,* rein als Zeit, so wirken könne. Und dann als zweites: ich liebe meine Frau, ja, seltsam zu sagen, ich liebe sie noch, und so furchtbar ich alles finde, was geschehen, ich bin so sehr im Bann ihrer Liebenswürdigkeit, eines ihr eignen heiteren Charmes, daß ich mich, mir selbst zum Trotz, in meinem letzten Herzenswinkel zum Verzeihen geneigt fühle."

Wüllersdorf nickte. „Kann ganz folgen, Innstetten, würde mir vielleicht ebenso gehen. Aber wenn Sie so zu der Sache stehen und mir sagen: ‚Ich liebe diese Frau so sehr, daß ich ihr alles verzeihen kann', und wenn wir dann das andere hinzunehmen, daß alles weit, weit zurückliegt, wie ein Geschehnis auf einem andern Stern, ja, wenn es so liegt, Innstetten, so frage ich, wozu die ganze Geschichte?"

„Weil es trotzdem sein muß. Ich habe mir's hin und her überlegt. Man ist nicht bloß ein einzelner Mensch, man gehört einem Ganzen an, und auf das Ganze haben wir beständig Rücksicht zu nehmen, wir sind durchaus abhängig von ihm. Ging es, in Einsamkeit zu leben, so könnt' ich es gehen lassen; ich trüge dann die mir aufgepackte Last, das rechte Glück wäre hin, aber es müssen so viele leben ohne dies ‚rechte Glück', und ich würde es auch müssen und – auch können. Man braucht nicht glücklich zu sein, am allerwenigsten hat man einen Anspruch darauf, und den, der einem das Glück genommen, den braucht man nicht notwendig aus der Welt zu schaffen. Man kann ihn, wenn man weltabgewandt weiterexistieren will, auch laufen lassen. Aber im Zusammenleben mit den Menschen hat sich ein Etwas ausgebildet, das nun mal da ist und nach dessen Paragraphen wir uns gewöhnt haben, alles zu beurteilen, die andern und uns selbst. Und dagegen zu verstoßen geht nicht; die Gesellschaft verachtet uns, und zuletzt tun wir es selbst und können es nicht aushalten und jagen uns die Kugel durch den Kopf. Verzeihen Sie, daß ich Ihnen solche Vorlesung halte, die schließlich doch nur sagt, was sich jeder selber hundertmal gesagt hat. Aber freilich, wer kann was Neues sagen! Also noch einmal, nichts von Haß oder dergleichen, und um eines Glückes willen, das mir genommen wurde, mag ich nicht Blut an den Händen haben; aber jenes, wenn Sie wollen, uns tyrannisierende Gesellschafts-Etwas, das fragt nicht nach Charme und nicht nach Liebe und nicht nach Verjährung. Ich habe keine Wahl. Ich muß."

„Ich weiß doch nicht, Innstetten ..."

Innstetten lächelte. „Sie sollen selbst entscheiden, Wüllersdorf. Es ist jetzt zehn Uhr. Vor sechs Stunden, diese Konzession will ich Ihnen vorweg machen, hatt' ich das Spiel noch in der Hand, konnt' ich noch das eine und noch das andere, da war noch ein Ausweg. Jetzt nicht mehr, jetzt stecke ich in einer Sackgasse. Wenn Sie wollen, so bin ich selber schuld daran; ich hätte mich besser beherrschen und bewachen, alles in mir verbergen, alles im eignen Herzen auskämpfen sollen. Aber es kam mir zu plötzlich, zu stark, und so kann ich mir kaum einen Vorwurf machen, meine Nerven nicht geschickter in Ordnung gehalten zu haben. Ich ging zu Ihnen und schrieb Ihnen einen Zettel, und damit war das Spiel aus meiner Hand. Von dem Augenblicke an hatte mein Unglück und, was schwerer wiegt, der Fleck auf meiner Ehre einen halben Mitwisser, und nach den ersten Worten, die wir hier gewechselt, hat es einen ganzen. Und weil dieser Mitwisser da ist, kann ich nicht mehr zurück."

„Ich weiß doch nicht", wiederholte Wüllersdorf. „Ich mag nicht gerne zu der alten abgestandenen Phrase greifen, aber doch läßt sich's nicht besser sagen: Innstetten, es ruht alles in mir wie in einem Grabe."

„Ja, Wüllersdorf, so heißt es immer. Aber es gibt keine Verschwiegenheit. Und wenn Sie's wahrmachen und gegen andere die Verschwiegenheit selber sind, so wissen *Sie* es, und es rettet mich nicht vor Ihnen, daß Sie mir eben Ihre Zustimmung ausgedrückt und mir sogar gesagt haben: ich kann Ihnen in allem folgen. Ich bin, und dabei bleibt es, von diesem Augenblicke an ein Gegenstand Ihrer Teilnahme (schon nicht etwas sehr Angenehmes), und jedes Wort, das Sie mich mit meiner Frau wechseln hören, unterliegt Ihrer Kontrolle, Sie mögen wollen oder nicht, und wenn meine Frau von Treue spricht oder, wie Frauen tun, über eine andere zu Gericht sitzt, so weiß ich nicht, wo ich mit meinen Blicken hin soll. Und ereignet sich's gar, daß ich in irgendeiner ganz alltäglichen Beleidigungssache zum Guten rede, ‚weil ja der dolus[1] fehle' oder so was Ähnliches, so geht ein Lächeln über Ihr Gesicht, oder es zuckt wenigstens darin, und in Ihrer Seele klingt es: ‚der gute Innstetten, er hat doch eine wahre Passion, alle Beleidigungen auf ihren Beleidigungsinhalt chemisch zu untersuchen, und das richtige Quantum Stickstoff findet er

[1] dolus = böser Vorsatz

nie. Er ist noch nie an einer Sache erstickt' ... Habe ich recht, Wüllersdorf, oder nicht?" Wüllersdorf war aufgestanden. „Ich finde es furchtbar, daß Sie recht haben, aber Sie *haben* recht. Ich quäle Sie nicht länger mit meinem ‚Muß es sein?' Die Welt ist einmal, wie sie ist, und die Dinge verlaufen nicht, wie *wir* wollen, sondern wie die *anderen* wollen. Das mit dem ‚Gottesgericht', wie manche hochtrabend versichern, ist freilich ein Unsinn, nichts davon, umgekehrt, unser Ehrenkultus ist ein Götzendienst, aber wir müssen uns ihm unterwerfen, solange der Götze gilt." Innstetten nickte. (27. Kap.)

Höhe- und Wendepunkt der Handlung

Das Gespräch bezeichnet den Höhe- und Wendepunkt der Handlung, an dem die Person, auf die es für das weitere Geschehen ankommt, eine Entscheidung treffen muss. Wüllersdorf fordert diese Entscheidung durch die Frage heraus, ob sich Innstetten denn unbedingt duellieren müsse: „Alles dreht sich um die Frage, müssen Sie's durchaus tun? Fühlen Sie sich so verletzt, beleidigt, empört, daß einer weg muß, er oder Sie? Steht es so?" Darauf erwidert Innstetten zunächst: „Ich weiß es nicht", und als Wüllersdorf nachhakt, meint er: „Nein, so steht es nicht." Wüllersdorf: „Wie steht es denn?"

Wüllersdorf erzwingt die Entscheidung

Innstetten ist unsicher

Darauf antwortet Innstetten, dass er seine Frau liebe und geneigt sei, ihr zu verzeihen (1–13). Wüllersdorf versteht ihn, wundert sich aber, warum der Freund ihn dann habe kommen lassen: „Ja, wenn es so liegt, Innstetten, so frage ich, wozu die ganze Geschichte?" (19/20)

Wüllersdorf legt eine andere Entscheidung nahe

Daraufhin setzt Innstetten zu einer längeren Rede an, für deren akademischen Charakter er sich entschuldigt („Vorlesung": 40), wobei er aber voraussetzt, dass Wüllersdorf genauso denkt. Die Rede ist ganz von der Art, in der jemand Selbstverständlichkeiten, über die er sonst nicht nachzudenken pflegt, umständlich zu Wort zu bringen versucht. Im Grunde will er weiter nichts sagen, als dass die Frage nach dem persönlichen Glück (viermal: 26–43) unwichtig ist, wenn Gefahr besteht, dass die Gesellschaft einen ‚verachtet', weil man sich nicht nach ihren Spielregeln (zweimal „Spiel": 52, 61) verhalten hat. Die Möglichkeit, außerhalb der Gesellschaft als „einzelner Mensch" (22), „in Einsamkeit" (25), „weltabgewandt" (32) zu existieren, weist Innstetten weit von sich, hält er mit „Glück" für unvereinbar. Als Konsequenz einer Verachtung durch die Gesellschaft sieht er nur den Selbstmord (38/9). Nicht dass Crampas ihm sein Glück „genommen" habe, wie er sich ausdrückt (43/4), kommt für ihn als Beweggrund für

Innstetten: „Es muß trotzdem sein"

Es kommt nicht auf Glück an, sondern darauf, dass die Gesellschaft einen nicht verachtet

ein Duell in Frage, sondern nur die Möglichkeit, dass die Gesellschaft ihn mit Verachtung strafen könnte, wenn er sich nicht duelliert. Zugleich empfindet er, dass er seine Entscheidung gar nicht in Freiheit trifft, sondern dass er unter der ‚Tyrannei' des „Gesellschafts-Etwas" (46) steht: „Ich habe keine Wahl. Ich muß." (47/8)

Das „Gesellschafts-Etwas"

Wüllersdorf hält diese Konsequenz für allzu rigoros (49). Daraufhin zeigt Innstetten, dass er jenes tyrannische „Gesellschafts-Etwas" ausgerechnet in der Person seines Freundes vor sich sieht. Vor sechs Stunden habe er „das Spiel noch in der Hand" gehabt (51 ff.), sei noch die Möglichkeit gewesen, alles zu verbergen, „alles im eigenen Herzen aus(zu)kämpfen" (57), doch dadurch, dass er Wüllersdorf zum „Mitwisser" (64 f.) gemacht habe, sei er „in eine Sackgasse" geraten (55), gebe es keinen „Ausweg" mehr. So groß ist die Abhängigkeit von der Gesellschaft, so eingeschränkt die Freiheit des Handelns, dass die Gegenwart des „Ganzen" (23) im Mitmenschen für Innstetten schwerer wiegt als seine Freundesrolle.

Auch im Freund ist das „Gesellschafts-Etwas" gegenwärtig

Wüllersdorfs Mitwissen schränkt seine Handlungsfreiheit ein

Als Wüllersdorf einwendet, dass sich der Freund auf seine Verschwiegenheit verlassen könne (67–70), wird das als Redensart abgetan (71). Die Folgerung heißt: „Es gibt keine Verschwiegenheit" (71/2). Das wird nun in ironischer Weise noch einmal auf die Spitze getrieben, indem Innstetten von dem – soeben für unmöglich erklärten – Fall ausgeht, dass Wüllersdorf doch verschwiegen ist. Im Hinblick auf diese Möglichkeit findet es Innstetten schon recht unangenehm, „ein Gegenstand" der „Teilnahme" des anderen zu sein (77). Zweitens aber wäre in dem mitwissenden Freund eben das „uns tyrannisierende Gesellschafts-Etwas" (46) gegenwärtig, weil jedes Wort, das Innstetten mit seiner Frau, der er verziehen hat, wechselt, der „Kontrolle" Wüllersdorfs „unterliegen" würde (78 ff.). Ja, und jede – jetzt geht Innstetten auf den Juristenkollegen Wüllersdorf ein – „alltägliche Beleidigungssache" (84), in der Innstetten auf mildernde Umstände plädoyiert, würde Wüllersdorf auf den Gedanken bringen, er gehe in diesem Fall ähnlich mit dem Angeklagten um, wie er seinerzeit unter Verzicht auf ein Duell mit dem Verführer seiner Frau umgegangen sei. Augenscheinlich hat Innstetten bei der Analyse seiner eigenen Mentalität auch bei Wüllersdorf ins Schwarze getroffen, d. h. dessen Selbstverständnis gleicht dem des Freundes: „Ich finde es furchtbar, dass Sie recht haben, aber Sie *haben* recht. (92/3)

Es gibt keine Verschwiegenheit

Ironisierung von Wüllersdorfs Mitwisserrolle

Konnotationen des Juristenkollegen

Wüllersdorf und Innstetten haben die gleiche Einstellung

Wüllersdorf zieht seine Frage, ob es sein müsse (94), zurück und formuliert nun von sich aus das Ergebnis von Innstettens Überlegungen, dass nämlich die Dinge nicht verlaufen, „wie *wir* wollen, sondern wie die *anderen* wollen" (95/6). Mit dem letzten Satz aber weist Wüllersdorf auf den mittelalterlichen Vorgänger des Duellwesens, den Ritus des ‚Gottesgerichts', hin, der im religiös aufgeklärten, ja indifferenten 19. Jahrhundert als „Unsinn" gelten muss (96/7). Umso unsinniger muss der „Götzendienst" erscheinen, der in dem „Ehrenkultus" des wilhelminischen Duellwesens besteht und dem sich die Angehörigen der Führungsschicht dennoch „unterwerfen" (99). So endet das Gespräch, in dem die Entscheidung für ein Duell und damit für das Unglück der Familie Innstetten fällt, mit dem Hinweis darauf, dass alle diese Opfer einem „Götzen" gebracht werden, d.h. sinnlos sind, ein ‚Atavismus' in der modernen Welt.

Überbleibsel des mittelalterlichen ‚Gottesgerichts'

Sinnlose Opfer

Überblick

- Im realistischen Roman lösen die **Konventionen** die Konflikte aus und **bestimmen das Denken und Handeln der Figuren** bei der Lösung der Konflikte.
- Die Spannung des Handlungsverlaufs ist in die **Reflexionen und emotionalen Vorgänge im Innern der Figuren** hineinverlegt.
- Der Erzähler steht mit **Verständnis** und einem leisen **Humor** über dem Geschehen, **charakterisiert wohlwollend**, aber ohne ein Werturteil abzugeben, seine Figuren und **enthält sich jeder Parteinahme** bei der Darstellung der gesellschaftlichen Verhältnisse.
- Es wird zwar verdeutlicht, dass die **Handlungsfreiheit** der Figuren durch die Konventionen und die gesellschaftliche Kontrolle ihrer Befolgung **eingeschränkt** ist, doch wird das **Problem der moralischen Autonomie des Menschen nicht thematisiert**.
- Der **Stil** ist sowohl im Erzählerbericht wie in der Figurenrede **nüchtern**, sachgebunden, gedämpft, **ohne Pathos und starke Gefühlsausbrüche**. Emotionale Vorgänge werden vom Erzähler berichtet. Die Figuren aus der ‚besseren' Gesellschaft sprechen im **Konversationston**, die Dienstboten in einfacher Umgangssprache, die vom Autor parodiert wird.

8.2 Die literarische Epoche des Poetischen Realismus

Das historische Umfeld des Realismus

Die vom liberalen Bürgertum mit großen Erwartungen begleitete Märzrevolution 1848 hatte zu keiner durchgreifenden Änderung der politischen Verhältnisse geführt. Es gab eine Massenauswanderung derer, die für eine republikanische Verfassung gefochten hatten. Die Übrigen begnügten sich damit, dass ihr Wunsch nach nationaler Einigung in Form der ‚kleindeutschen' Lösung unter der Hegemonie Preußens erfüllt wurde. Im Vordergrund standen nun die Veränderungen in der Wirtschaft:

Die Wirtschaft bestimmt die gesellschaftlichen Verhältnisse

Straßen, Eisenbahnen und Kanäle wurden gebaut. Liberale Großunternehmer, Aktien- und Kommanditgesellschaften betrieben Bergbau, Eisenverarbeitung, Maschinenproduktion und Schiffbau. Das Bank- und Versicherungswesen wurde ausgebaut, ein Nachrichtenwesen entstand im Rahmen der wachsenden Elektroindustrie. Die synthetische Farbenherstellung führte zur Entstehung einer chemischen Großindustrie, welche auch Kunstdünger produzierte, durch den die landwirtschaftlichen Erträge gesteigert werden konnten.

Krisenbewusstsein des Bürgertums

Materialistisches Weltbild tritt an die Stelle der Metaphysik

Politisch aber war diese Entwicklung durch die Erhaltung der Standesprivilegien (Dreiklassenwahlrecht) und der königlichen Autorität begleitet. Der Widerspruch zwischen der wirtschaftlichen Entwicklung und der politischen Stagnation brachte für das Bürgertum Orientierungsprobleme. Man fühlte sich in einer Krisensituation, konnte sie aber nicht mehr in den überlieferten Mustern für Sinngebung und Weltdeutung artikulieren. Denn durch die Fülle der Entdeckungen und Erfindungen in den Einzelwissenschaften war an die Stelle des alten Weltbilds, in dem die Einzeltatsachen in metaphysische Zusammenhänge eingeordnet wurden, ein Materialismus getreten, der auch den Menschen und seine Geschichte einbezog.

Beschränkung auf die Wirklichkeit

Wende zur Realität

Die Konstellation von ökonomischer Entwicklung, politischer Stagnation und antimetaphysischer Wende bildet den historischen Kontext, aus dem der Realismus in der Literatur zu erklären ist. Man öffnet sich dem wirklichen Lauf der Dinge. Die Wende zur Realität verdrängt den Gedanken an ein ‚Reich des Ideals' (s. S. 63), in dem über Sinn und Zweck aller Dinge und Wesen bestimmt wird. Die Entwicklung des Individuums wird nicht mehr als Wesensentfaltung und Fortschritt zur Humanität verstanden, sondern durch Zufall und Notwendigkeit erklärt. Zwar versucht man, wirkliches Geschehen nicht bloß wiederzugeben, sondern die verschiedenen Faktoren zu einem Ganzen zusammenzufügen, doch herrscht im Hinblick auf den Sinn dieses Ganzen eine verhaltene Resignation. Diese geht bei den Autoren mit einer gewissen Ironie zusammen, die Bedingung dafür ist, dass die Realität aus reiner Anschauung ohne Leidenschaft oder Tendenz dargestellt werden kann, obwohl die Welt im Argen liegt. Das Negative wird als das Unabänderliche hingenommen, aber gemildert durch das Bemühen, in allem eine verborgene Gesetzlichkeit zu entdecken. In diesem Bemühen führen die Autoren bei der Menschendarstellung ihre Figuren in Naturzusammenhänge zurück. So erklären sich die meisterhaften Landschaftsschilderungen bei Fontane, Storm, Keller und anderen Vertretern des Realismus, zu denen es kaum Vergleichbares gibt. Landschaft und Natur werden aus der Perspektive des Erzählers oder einer Figur in eins mit den Menschen, die dieser Landschaft zugehören, geschildert. Dadurch wird eine bestimmte Ruhe und Stimmung erzeugt, in der die Natur als geregelter Ablauf erscheint und einen Kontrapunkt zu der Problematik der Figuren und Ereignisse bildet. Ausdrückliche Kritik an ihnen und den herrschenden gesellschaftlichen Verhältnissen wird vermieden, ebenso wie eine Aufforderung zu ihrer Veränderung oder die Entfaltung von Zukunftsperspektiven.

Kein Idealismus mehr

Resignation als Grundhaltung

Ironie als Bedingung realistischer Darstellung

Der Mensch wird in Naturzusammenhänge zurückgeführt

Bedeutung der Landschaftsschilderungen

Ein Rest von Weltvertrauen

Das Programm des Realismus

Mehrere Autoren des bürgerlichen Realismus haben in ihren theoretischen Schriften Schreibanweisungen für den realistischen Roman gegeben, durch die die Produktion der viel gelesenen Erzählliteratur der Zeit geprägt wurde (‚Programmatischer Realismus'). Diese Anweisungen betreffen drei Punkte: Die Forderung nach Verständlichkeit enthält auch das Verlangen nach **Wahrscheinlichkeit des erzählten Geschehens**, der dargestellten Konflikte und ihrer Lösung. Zweitens sollen die einzelnen **Elemente** der Erzählung, Motive, Figuren, Schauplätze, Zeitabläufe, **integriert** werden, sodass sie zueinander passen. Und schließlich soll die **Komposition** des Romans dafür sorgen, dass alle Elemente „eine geschlossene Einheit" bilden. In diesem Programm unterscheidet sich der Realismus allerdings nicht von den Grundsätzen der klassischen Erzählkunst, die auch von Autoren realistischer Unterhaltungsliteratur erfolgreich angewandt werden können.

Normative Schreibanleitungen

Drei Forderungen:
1. Wahrscheinlichkeit der erzählten Welt
2. Integration ihrer Elemente
3. Einheitliche Komposition

Vgl. aber die romantische Erzählweise S. 85 f.

Der poetische Realismus

Die bedeutenden Autoren der Epoche sind eigenständig

Während unter den Programmatikern und den Autoren, die ihren Anweisungen folgen, weitgehende Übereinstimmung herrscht, haben die bedeutenden Autoren der Epoche, die man unter dem Begriff des ‚poetischen Realismus' zusammenfasst, jeweils ihren unverwechselbaren Stil und unterscheiden sich auch in der Thematik, die jeder von ihnen bevorzugt.

Prosaischer und poetischer Realismus

Fontane sieht es lediglich als eine Vorstufe an, wenn die Probleme der Erfahrungswelt ohne ästhetische Korrektur in das Kunstwerk eingehen. „Vor allen Dingen verstehen wir nicht darunter [dem Begriff ‚Realismus'] das nackte Wiedergeben alltäglichen Lebens, am wenigsten seines Elends und seiner Schattenseiten (...)." Davon heißt es weiter: „Es ist der nackte, prosaische Realismus, dem noch durchaus die poetische Verklärung fehlt (...)." In dem Aufsatz ‚Unsere lyrische und epische Poesie seit 1848' formuliert er sein Realismuskonzept. Diesen ‚poetischen' Realismus definiert Fontane dann so: „Realismus ist die künstlerische Wiedergabe (nicht das bloße Abschreiben) des Lebens. Also Echtheit, Wahrheit (...)."

Poetischer Realismus und Tendenzliteratur

Während Fontane hier den Realismus vom Naturalismus eines Emile Zola absetzt, nennt er an anderer Stelle eine andere Grenze: „Der Realismus ist der geschworene Feind aller Phrase und Überschwänglichkeit (...)." Damit nimmt er Abstand vom Aktualismus der Literatur des Vormärz (Junges Deutschland) (s. o. S. 114).

Humor wichtigstes Darstellungsmittel

Humor dient der ‚poetischen Verklärung'

Für das wichtigste Mittel einer „künstlerischen Wiedergabe des Lebens" im Sinne des ‚poetischen Realismus' hält Fontane den Humor. Die Bedeutung der erzählten Welt geht den Figuren, die zu ihr gehören, nicht immer auf oder bestenfalls zu spät. Der Erzähler muss sie aber dem Publikum vermitteln, an das er sich wendet und das sich darauf einzulassen bereit ist. Der Humor, mit dem er die Geschehnisse erzählt und seine Figuren charakterisiert, ist dazu da, den Leser durch eine „poetische Verklärung" der erzählten Welt mit dem Leben, wie es nun einmal ist, zu versöhnen.

Die Novelle

Novelle, führende Gattung der Epoche neben dem Roman

Neben dem Roman war die Novelle eine dominierende Gattung der Epoche. Die Leser hatten nun weniger Zeit als früher und verlangten nach abwechslungsreicher Lektüre in kleinen Texteinheiten. Zahlreiche Zeitschriftenverlage konnten für ein entsprechendes Angebot sorgen. Dafür eignete sich die Novelle.

Sie prägte nun mit hervorragenden Werken das literarische Leben der Zeit. Der Novellendichter Paul Heyse (1830–1914) verfasste die erste Theorie der Gattung. Sie beruhte auf der These, dass jede Novelle ein Leitmotiv oder Dingsymbol als Angelpunkt der Handlung haben müsse. Sie ist als ‚Falkentheorie' bekannt, weil Heyse sie an der Novelle V 9 des ‚Decamerone' von Boccaccio (1313–1375) erläutert. Da geht es um einen verarmten Adligen, der liebt, ohne geliebt zu werden. Nachdem er bei seiner Werbung all sein Gut verschwendet hat, ist ihm nur ein Falke verblieben. Den setzt er seiner Dame, deren kranker Sohn sich den Falken wünscht, als Speise vor. Da ändert die Dame ihren Sinn, nimmt den Ritter zum Gatten und macht ihn zum Herrn ihres Reichtums. Seit Heyse wird nun bei der Lektüre von Novellen eifrig nach ‚dem Falken' gesucht.

Heyses ‚Falkentheorie'

Boccaccios Falkennovelle

Überblick

- Der **historische Kontext** des Realismus ist durch schnelle **ökonomische** Entwicklung, **politische** Stagnation und **weltanschaulichen** Materialismus gekennzeichnet.
- Die **Dichter beschränken sich** auf die Darstellung der Wirklichkeit ohne Engagement und Parteinahme, ohne metaphysische Reflexionen.
- Das Individuum wird nicht in seiner Wesensentfaltung vorgeführt, sondern unter dem Einfluss von **Zufall** und **Notwendigkeit**.
- In der Frage nach dem **Sinn des Ganzen** herrscht **Resignation**. Mensch und Landschaft werden in gegenseitigem Zusammenhang gesehen. Der Mensch muss sich nach der Natur richten, worin ein **Rest von Weltvertrauen** gegeben ist.
- Die Programmatiker des Realismus stellen **Schreibregeln** auf, die mit der klassischen Tradition übereinstimmen. Fontane u.a. verlangen eine „poetische Verklärung" (Humor) bei der Wiedergabe der Wirklichkeit (‚Poetischer Realismus').
- Neben dem **Roman** ist die **Novelle** dominierende Gattung der Epoche.

8.3 Autoren

Gemeinsame Merkmale der Autoren

Die führenden Autoren dieser Epoche haben sich persönlich nicht gekannt. Es gab höchstens Briefkontakte. Nur Storm und der Schweizer Conrad Ferdinand Meyer stammten aus wohlhabenden Familien, die anderen kamen aus bescheidenen Verhältnissen und hatten es nicht einfach im Leben. Hebbel hatte zeitweise nicht genug zu essen. Alle begannen ihr literarisches Werk erst jenseits des 30sten Lebensjahrs, Fontane schrieb seine Romane, die ihn berühmt machten, erst als Sechziger und später. Auffällig ist auch ihre wechselvolle Biografie mit häufigem Ortswechsel. Alle diese Umstände haben sicher etwas mit ihrer Wahl des literarischen Gegenstandes zu tun, der gesellschaftlichen Gegenwart mit ihren realen Problemen. Nach dem Alter geordnet handelt es sich um folgende Autoren:

Friedrich Hebbel (1813–1863)

Friedrich Hebbel (1813–1863), Tagelöhnersohn aus Dithmarschen, Schreiber beim Kirchspielvogt, Studium in Heidelberg und München mit Unterstützung der Näherin Elise Lensing, die acht Jahre älter war, zu Fuß zurück nach Hamburg; Reisestipendium des dänischen Königs, Reisen nach Paris, Rom, Neapel; in Wien heiratet er 1846 eine Burgschauspielerin, die ihm für sein weiteres Schaffen materielle Sicherheit bot; Bruch mit Elise Lensing; 1862 Reise nach Paris und London

Theodor Storm. Altersbild 1886

Theodor Storm (1817–1888), Anwaltssohn aus Husumer Patrizierfamilie, Jurastudium in Kiel, 1843 Anwalt in Husum; von den Dänen entlassen, war er 1852 unbesoldeter Assessor im preußischen Staatsdienst in Potsdam, dann 1856 Richter in Heiligenstadt, 1864 Landvogt und seit 1867 Amtsrichter im nun deutsch gewordenen Husum, ab 1880 Ruhestand in Hademarschen

Gottfried Keller. Ölskizze von Karl Stauffer. 1886

Gottfried Keller (1819–1890), Sohn eines Handwerkers, Zürich, Armenschule, Malerlehre, 1840 Ausbildung als Landschaftsmaler in München, 1842 wegen wirtschaftlicher Not Rückkehr nach Zürich, 1848 Stipendium des Kantons Zürich: Studium in Heidelberg, 1850 in Berlin, 1855 wieder in Zürich, 1861 Stadtschreiber dort

Theodor Fontane (1819–1898), Apothekerssohn aus Neuruppin, 1827 in Swinemünde, 1840 Apothekerlehrling in Berlin, arbeitet in Leipzig, Dresden, 1844 Englandreise, 1847 Apothekerexamen in Berlin, 1852 Korrespondent in London, 1858 Schottlandreise, ab 1862 Wanderungen durch die Mark Brandenburg, 1870/71 Journalist in Frankreich, 1874/75 Italienreise ohne tiefere Eindrücke, danach freier Schriftsteller in Berlin

Conrad Ferdinand Meyer (1825–1898), aus alter Patrizierfamilie, Zürich, wächst zweisprachig (D/F) auf, wirtschaftlich unabhängig, leidet zeitlebens unter Depressionen, 1852 und 1892 Aufenthalt in Nervenheilanstalten, Reisen nach Paris, München, Italien, besonders Rom (Kunsterleben wichtig für sein episches und lyrisches Werk)

Conrad Ferdinand Meyer (1825–1898)

8.4 Werke

Alle angeführten Autoren haben neben ihrem erzählerischen Werk (Romane, Novellen oder beides) auch Lyrik verfasst. Hebbel ist der einzige Dramatiker unter ihnen. Roman und Novelle sind die führenden Gattungen der Epoche. Um Wirklichkeit in „poetischer Verklärung“ darzustellen und durch Humor in Distanz zu rücken und erträglich zu machen, bedurfte es eines Erzählers als vermittelnder Instanz.

Fontane im 65. Lebensjahr. Gemälde von Carl Breitbach

Roman:

Theodor Fontane: Frau Jenny Treibel oder ‚Wo sich Herz zu Herzen find't'. Roman aus der Berliner Gesellschaft (1892):

Besitz- gegen Bildungsbürgertum

Die Figuren verteilen sich auf die alte und die junge Generation und zwei Häuser, die das Besitz- und das Bildungsbürgertum repräsentieren. Jenny Treibel hat den reichen Fabrikanten Treibel ihrem Jugendfreund, dem Gymnasialprofessor Schmidt, vorgezogen. Nun ist ihr Sohn mit Schmidts Tochter Corinna liiert. Doch weiß Jenny deren Verbindung zu hintertreiben, sodass eine ‚standesgemäße', d.h. eine Geldheirat, zustande kommt. Dafür findet Corinna in ihrem Vetter, dem Archäologen Marcell, einen geistig ebenbürtigen Partner. Die Handlung besteht nur aus Verlobung, Trennung und jeweils anderweitiger Verheiratung der jungen Leute. Die Bedeutung des Romans beruht auf den vielen ausführlichen Gesprächen, in denen ein perspektivenreiches Bild des Bürgertums der Wilhelminischen Ära dargeboten wird, etwa die Orientierung am Adel, die Abhängigkeit der Künstler, die sentimentale Ignoranz, mit der die Besitzenden den geistigen Werten huldigen.

Novelle:

Gottfried Keller: Die Leute von Seldwyla. Sammlung von zehn Erzählungen (Erster Band 1856, zweiter Band 1873/74):
In jeweils unterschiedlicher Weise wird das menschliche Treiben im gesellschaftlichen Zusammenhang geschildert, der mit dem Ortsnamen ‚Seldwyla' benannt ist. Die Novellen ‚Romeo und Julia auf dem Dorfe' und ‚Kleider machen Leute' werden auch noch heute gern gelesen.

Theodor Storm: Der Schimmelreiter. Novelle (1888):

Dreifache Rahmung

In dreifacher Rahmung wird die Geschichte des Deichgrafen Hauke Haien vermittelt. Ein Erzähler hat als Kind die Geschichte in einer Reiseerzählung gelesen, deren Verfasser sie in einem Gasthaus während einer Sturmnacht vom Schulmeister gehört hat.

Seit dem Spätmittelalter wurden Naturwissenschaftler der Teufelsbündnerei verdächtigt (Paracelsus, Galilei, Faust)

Haien, mathematisch und technisch begabt, ein Grübler, dient als Knecht beim Deichgrafen und wird als dessen Schwiegersohn sein Nachfolger. Nun kann er den von ihm entworfenen neuen Deichtyp mit flach ansteigender Seeseite bauen lassen, der auch der Landgewinnung dienen soll. Doch ist er den Leuten mit seiner Aufgeklärtheit unheimlich, sodass sie ihn mit Teufelsspuk in Verbindung bringen. Doch die Naturgewalt siegt. In einer Sturmflut kommen Frau und Kind beim Bruch des alten Deichs um. Hauke Haien, der sie retten will, wird mit seinem Schimmel in den Strudel gerissen. Im Volksglauben lebt er als der ‚Schimmelreiter' fort, der sich bei drohender Gefahr zeigt. Der neue Deich jedoch hat standgehalten und beweist, dass der neuen Deichform die Zukunft gehört. Das Dorf aber ist untergegangen, weil das neue Werk nicht sachgemäß mit dem alten Deich verbunden wurde.

Lyrik:

Conrad Ferdinand Meyer: Gedichte (1882):

Das ‚Dinggedicht'

Neben Storm ist C. F. Meyer der bedeutendste Lyriker des Realismus. Außer den historischen Balladen, einer für das 19. Jahrhundert typischen Gattung, enthält die Sammlung auch Beispiele für das so genannte ‚Dinggedicht', in dem das lyrische Ich hinter der Eigenart des Bildes zurücktritt. Diese Form weist auf den Impressionismus (s. S. 163) voraus. Ein Beispiel:

Zwei Segel

Zwei Segel erhellend
Die tiefblaue Bucht!
Zwei Segel sich schwellend
Zu ruhiger Flucht!

Wie eins in den Winden
Sich wölbt und bewegt,
Wird auch das Empfinden
Des andern erregt.

Begehrt eins zu hasten,
Das andre geht schnell,
Verlangt eins zu rasten,
Ruht auch sein Gesell.

Das Bild zeigt zwei Segelboote, die sich im wechselnden (9, 11) Wind gleichförmig bewegen (5–8). Alle Details (Ort, Personen) fehlen, der Blick ist nur auf das Verhältnis gerichtet, in dem sich die beiden Boote bewegen. Der Leser wird durch bestimmte Wörter („Empfinden ... erregt“: 7/8; „Begehrt“: 9; „Verlangt“: 11) von der Bild- auf die Sachebene gelenkt, sodass er an zwei Menschen denkt, die ihr Handeln aufeinander abstimmen.

Drama:

Friedrich Hebbel: Maria Magdalena. Drama in 3 Akten (1844): Mit diesem Gegenwartsstück hat Hebbel die Tradition des bürgerlichen Trauerspiels aufgenommen. Klara, Tochter des Tischlermeisters Anton, ist mit dem Schreiber Leonhard verlobt. Als Klaras Bruder Karl unter Diebstahlverdacht verhaftet wird, will Leonhard sich zurückziehen, obwohl Klara ein Kind von ihm erwartet. Ihr Jugendfreund, dem sie ihr Schicksal anvertrauen will, kann jedoch ihren Fall nicht verwinden und tötet den Nebenbuhler im Duell. Der Vater tyrannisiert seine Familie mit seiner Angst vor dem Gerede der Leute. Deshalb stirbt seine Frau vor Schreck. Als die Gerichtsdiener Haussuchung halten, stürzt sich Klara in den Brunnen, weil sie dem Vater nichts von ihrer Schwangerschaft zu sagen wagt. Karl verlässt, als man ihn rehabilitiert hat, das Vaterhaus. Anton bleibt vereinsamt zurück: „Ich verstehe die Welt nicht mehr“. Wie Innstetten bei Fontane fürchtet er die Verachtung der Gesellschaft.

Bei Lessing (Emilia Galotti s. S. 37) und Schiller (Kabale und Liebe s. S. 55 f.) stehen sich Bürgertum und Adel gegenüber

Zusammenfassung: Poetischer Realismus

Themen:
Der Mensch in seiner natürlichen und gesellschaftlichen Umgebung.
Menschliches Handeln unter dem Einfluss der Natur (eigene Natur: körperliche und geistige Gaben, Charakter, umgebende Natur: Landschaft), der gesellschaftlichen Zwänge und des Zufalls.
Konflikte, die daraus entstehen und unter diesen Bedingungen gelöst werden müssen.

Gattungen:
Führend sind die erzählenden Gattungen (Roman, Novelle); deren Autoren schreiben auch Lyrik (darunter auch erzählende Gedichte: Balladen); Hebbel ist der einzige Dramatiker.

Literarische Technik:
Spannung der Handlung oft in die Reflexionen und Emotionen der Figuren hineinverlegt (innere Vorgänge).
Allwissender Erzähler, der häufig hinter die Figurenrede zurücktritt, mit Kommentaren sparsam ist, steht mit Humor über der erzählten Welt; enthält sich jeder Parteinahme.
Es gibt keine erregte oder pathetische Äußerung, Emotionen werden vom Erzähler berichtet, die Figuren sprechen im Konversationston.

Autoren:
Friedrich Hebbel, Theodor Storm (Schleswig-Holstein)
Theodor Fontane (Brandenburg)
Gottfried Keller, Conrad Ferdinand Meyer (Schweiz)

Werke:
Theodor Fontane: Frau Jenny Treibel (1892), Effi Briest (1894/95)
Gottfried Keller: Die Leute von Seldwyla (I 1856, II 1873/4)
Theodor Storm: Der Schimmelreiter (1888)
Conrad Ferdinand Meyer: Gedichte (1882)
Friedrich Hebbel: Maria Magdalena (1844)

Naturalismus (1880–1900)

9

Carl Wilhelm Hübner: Die schlesischen Weber (1844)

Die Darstellung des Fabrikanten folgt dem Muster des absolutistischen Herrscherbildes. Nur hält er statt eines Szepters die Leinwand als Zeichen seiner Macht über die Weber in den Händen. Diese sind seinem Lohndiktat ohne Rechtsschutz ausgeliefert.

„Hinwiederum haftet allen etwas Gedrücktes,
dem Almosenempfänger Eigentümliches an,
der, von Demütigung zu Demütigung schreitend,
im Bewusstsein, nur geduldet zu sein,
sich so klein wie möglich zu machen gewohnt ist..."
(Hauptmann: Der Weber, Szenenbild 1. Akt, 24–28)

Literatur als Wissenschaft

Genaue Wiedergabe der Alltagsrealität

'Sekundenstil'

Welt des Proletariats

Armut und Ausbeutung

Milieu und Vererbung

Großstadtdichtung

'Kampf ums Dasein'

9.1 Gerhart Hauptmann: ‚Die Weber. Schauspiel aus den vierziger Jahren' (1893)

‚Die Weber' beruhen auf Quellenstudium und eigener Anschauung

Der Kaiser hielt nichts von ungeschönter Geschichte

Hauptmann hat für dieses wichtigste Werk des Naturalismus die Quellen über den schlesischen Weberaufstand 1844 studiert und die Verhältnisse in der Region selber 1890 fast unverändert angetroffen. Die ungeheure Wirkung des Stücks erklärt sich dadurch, dass es das brennendste Problem der Zeit behandelt, die soziale Frage. Die erste öffentliche Aufführung am 25. 9. 1894 wurde vor Gericht erkämpft. Kaiser Wilhelm II. tadelte den zuständigen Richter und ließ die Hofloge im Deutschen Theater kündigen. Das Stück beginnt mit der folgenden Szene:

Die Eingangsszene ist durch das Gemälde auf S. 137 angeregt.

Ein geräumiges, graugetünchtes Zimmer in Dreißigers Haus zu Peterswaldau. Der Raum, wo die Weber das fertige Gewebe abzuliefern haben. Linker Hand sind Fenster ohne Gardinen, in der Hinterwand eine Glastür, rechts eine ebensolche Glastür, durch welche fortwährend Weber, Weberfrauen und Kinder ab- und zugehen. Längs der rechten Wand, die, wie die übrigen, größtenteils von Holzgestellen für Parchent verdeckt wird, zieht sich eine Bank, auf der die angekommenen Weber ihre Ware ausgebreitet haben. In der Reihenfolge der Ankunft treten sie vor und bieten ihre Ware zur Musterung. Expedient Pfeifer steht hinter einem großen Tisch, auf welchen die zu musternde Ware vom Weber gelegt wird. Er bedient sich bei der Schau eines Zirkels und einer Lupe. Ist er zu Ende mit der Untersuchung, so legt der Weber den Parchent auf die Waage, wo ein Kontorlehrling sein Gewicht prüft. Die abgenommene Ware schiebt derselbe Lehrling ins Repositorium. Den zu zahlenden Lohnbetrag ruft Expedient Pfeifer dem an einem kleinen Tischchen sitzenden Kassierer Neumann jedesmal laut zu.

Es ist ein schwüler Tag gegen Ende Mai. Die Uhr zeigt zwölf, Die meisten der harrenden Webersleute gleichen Menschen, die vor die Schranken des Gerichts gestellt sind, wo sie in peinigender Gespanntheit eine Entscheidung über Tod und Leben zu erwarten haben. Hinwiederum haftet allen etwas Gedrücktes, dem Almosenempfänger Eigentümliches an, der, von Demütigung zu Demütigung schreitend, im Bewußtsein, nur geduldet zu sein, sich so klein als möglich zu machen gewohnt ist. Dazu kommt ein starrer Zug resultatlosen, bohrenden Grübelns in allen Mienen. Die Männer, einander ähnelnd, halb zwerghaft, halb schulmeisterlich, sind in der Mehrzahl flachbrüstige, hüstelnde, ärmliche Menschen mit schmutzigblasser Gesichtsfarbe: Geschöpfe des Webstuhls, deren Knie infolge vielen Sitzens gekrümmt sind. Ihre Weiber zeigen weniger Typisches auf den ersten Blick; sie sind aufgelöst, gehetzt, abgetrieben – während die Männer eine gewisse klägliche Gravität zur Schau tragen – und zerlumpt, wo die Männer geflickt sind. Die jungen Mädchen sind mitunter nicht ohne Reiz; wächserne Blässe, zarte Formen, große, hervorstehende, melancholische Augen sind ihnen dann eigen.

KASSIERER NEUMANN, *Geld aufzählend.* Bleibt sechzehn Silbergroschen zwei Pfennig.

ERSTE WEBERFRAU, *dreißigjährig, sehr abgezehrt, streicht das Geld ein mit zitternden Fingern.* Sind se bedankt.

NEUMANN, *als die Frau stehenbleibt.* Nu? stimmt's etwa wieder nich?

ERSTE WEBERFRAU, *bewegt, flehentlich.* A paar Fenniche uf Vorschuß hätt ich doch halt a so neetig.

NEUMANN. Ich hab a paar hundert Taler neetig. Wenn's ufs Neetighaben ankäm –! *Schon mit Auszahlen an einen andern Weber beschäftigt, kurz:* Ieber den Vorschuß hat Herr Dreißiger selbst zu bestimmen.

ERSTE WEBERFRAU. Kennt ich da vielleicht amal mit'n Herrn Dreißiger selber red'n?

EXPEDIENT PFEIFER, *ehemaliger Weber. Das Typische an ihm ist unverkennbar; nur ist er wohlgenährt, gepflegt gekleidet, glatt rasiert, auch ein starker Schnupfer. Er ruft barsch herüber.* Da hätte Herr Dreißiger weeß Gott viel zu tun, wenn er sich um jede Kleenigkeit selber bekimmern sollte. Dazu sind wir da. *Er zirkelt und untersucht mit der Lupe.* Schwerenot! Das zieht. *Er packt sich einen dicken Schal um den Hals.* Macht de Tiere zu, wer reinkommt.

DER LEHRLING, *laut zu Pfeifer.* Das is, wie wenn man mit Kletzen red'te.

PFEIFER. Abgemacht sela! – Waage! *Der Weber legt das Webe auf die Waage.* Wenn ihr ock Eure Sache besser verstehn tät't. Trepp'n hat's wieder drinne ... ich seh gar nich hin. A guter Weber verschiebt's Aufbäumen nich wer weeß wie lange.

BÄCKER *ist gekommen. Ein junger, ausnahmsweise starker Weber, dessen Gebaren ungezwungen, fast frech ist. Pfeifer, Neumann und der Lehrling werfen sich bei seinem Eintritt Blicke des Einvernehmens zu.* Schwere Not ja! Da soll eener wieder schwitz'n wie a Laugensack.

ERSTER WEBER, *halblaut.* 's sticht gar sehr nach Regen.

DER ALTE BAUMERT *drängt sich durch die Glastür rechts. Hinter der Tür gewahrt man die Schulter an Schulter gedrängt, zusammengepfercht wartenden Webersleute. Der Alte ist nach vorn gehumpelt und hat sein Pack in der Nähe des Bäcker auf die Bank gelegt. Er setzt sich daneben und wischt sich den Schweiß.* Hier is 'ne Ruh verdient.

BÄCKER. Ruhe is besser wie a Beehmen Geld.

DER ALTE BAUMERT. A Beehmen Geld mechte ooch sein. Gu'n Tag ooch, Bäcker!

BÄCKER. Tag ooch, Vater Baumert! Ma muß wieder lauern, wer weeß wie lange!

ERSTER WEBER. Das kommt nich druf an. A Weber wart't an Stunde oder an'n Tag. A Weber is ock 'ne Sache.

PFEIFER. Gebt Ruhe dahinten! Man versteht ja sei eegenes Wort nich.

BÄCKER, *leise.* A hat heute wieder sein'n tälsch'n Tag.

PFEIFER, *zu dem vor ihm stehenden Weber.* Wie oft hab ich's Euch schonn gesagt! besser putzen sollt'r. Was ist denn das für 'ne Schlauderei? Hier sind Klunkern drinne, so lang wie mei Finger, und Stroh und allerhand Dreck.

WEBER REIMANN. 's mecht halt a neu Noppzängl sein.

LEHRLING *hat das Webe gewogen.* 's fehlt auch am Gewicht.

PFEIFER. Eine Sorte Weber ist hier so – schade fier jede Kette, die man ausgibt. O Jes's, zu meiner Zeit! Mir hätt's woll mei Meister angestrichen. Dazumal da war das noch a ander Ding um das Spinnwesen. Da mußte man noch sei Geschäfte verstehn. Heute da is das nich mehr neetig. – Reimann zehn Silbergroschen.

WEBER REIMANN. E Fund wird doch gerech'nt uf Abgang.

PFEIFER. Ich hab keine Zeit. Abgemacht sela. Was bringt Ihr?

WEBER HEIBER *legt seine Webe auf. Während Pfeifer untersucht, tritt er an ihn und redet halblaut und eifrig in ihn hinein.* Sie werden verzeihen, Herr Feifer, ich meecht Sie gittichst gebet'n hab'n, ob Se vielleicht und Se wollt'n so gnädig sein und wollt'n mir den Gefall'n tun und ließen mir a Vorschuß dasmal nich abrechn'.

PFEIFER, *zirkelnd und guckend, höhnt.* Nu da! Das macht sich ja etwan. Hier is woll d'r halbe Einschuß wieder auf a Feifeln geblieb'n?

WEBER HEIBER, *in seiner Weise fortfahrend.* Ich wollt's ja gerne uf de neue Woche gleiche mach'n. Vergangne Woche hatt ich bloß zwee Howetage uf'n Dominium zu leist'n. Dabei liegt Meine krank derheeme …

PFEIFER, *das Stück an die Waage gebend.* Das is eben wieder 'ne richt'ge Schlauderarbeit. *Schon wieder ein neues Webe in Augenschein nehmend.* So ein Salband, bald breit, bald schmal. Emal hat's den Einschuß zusammengeriss'n, wer weeß wie sehr, dann hat's wieder mal 's Sperrittl auseinandergezog'n. Und auf a Zoll kaum siebzig Faden Eintrag. Wo is denn der iebriche? Wo bleibt da die Reelletät? Das wär so was!

WEBER HEIBER, *unterdrückt Tränen, steht gedemütigt und hilflos.*

Bedeutung des Nebentextes

Zunächst fällt auf, dass der Nebentext (1–39), der in der Dramentradition Vorschriften zur Bühnenausstattung und Regieanweisung enthielt, hier sehr umfangreich und zu einem eigenwertigen epischen Bestandteil des Werkes geworden ist. Er enthält in der Bemerkung, dass die Weber Menschen gleichen, „die vor die Schranken des Gerichts gestellt sind, wo sie in peinigender Gespanntheit eine Entscheidung über Tod und Leben zu erwarten haben" (21–24), eine Interpretation des ganzen ersten Akts. Sie entspricht dem Text des historischen Weberlieds, das Hauptmann im zweiten Akt verwendet und das in den Webern Baumert und Ansorge Wut und Zorn über ihre Lage auslöst, d. h. ihnen hilft, ihre Gefühle zu artikulieren:

Das ‚Weberlied'

Hier im Ort ist ein Gericht,
noch schlimmer als die Femen,
wo man nicht erst ein Urteil spricht,
das Leben schnell zu nehmen.

Hier wird der Mensch langsam gequält,
Hier ist die Folterkammer,
hier werden Seufzer viel gezählt
als Zeugen von dem Jammer (…)

Das Elend wird an vielen genauen Details gezeigt

Die „Folterkammer" wird in vielen Details charakterisiert, aus denen sich das Bild des Weberelends zusammensetzt. So leben sie z. B. in dauernder Zeitnot, schieben vorbereitende Arbeitsgänge, die nichts bringen („Aufbäumen": 67), möglichst hinaus, müssen die Webarbeit unterbrechen, um Frondienste beim Grundherrn zu leisten („Howetage": 115), müssen bei der Ablieferung der Ware stundenlang warten („A Weber is ock 'ne Sache": 86). Dass die Bezahlung nicht ausreicht, das Leben zu fristen, zeigt das Betteln um Vorschuss (47) oder um Stundung der Schuld (108/9), zeigt aber auch das äußere Aussehen der Weber („zerlumpt": 36; „sehr abgezehrt": 42). Das Entwürdigende des Elends wird immer wieder betont („von Demütigung zu Demütigung schreitend": 26; „gedemütigt und hilflos": 124/25). Es gibt ja keinerlei Vertragsverhältnis zwischen dem Arbeitgeber und den Webern. Dessen Angestellter entscheidet vielmehr selbstherrlich über die Bezahlung und rechtfertigt deren geringe Höhe damit, dass die Weber schlecht gearbeitet hätten (65–72; 90–93; 119–123). Dazu benutzt er auch den Topos, dass früher alles besser gewesen sei,

Die Weber arbeiten ohne Vertrag, werden nach Gutdünken bezahlt

Sie erhalten nur einen ‚Hungerlohn'

jeder sein Handwerk besser verstanden habe (96–100). Dass bei der Bezahlung nicht einmal ein Existenzlohn, sondern vielmehr ein ‚Hungerlohn' herauskommt, zeigt der Ausbruch einer Weberin im zweiten Akt, der es das Herz bricht, dass sie ihren hungernden Kindern nichts zu essen geben kann.

Der Fabrikant beklagt sein Los

Am Ende des ersten Akts tritt endlich der Fabrikant selber auf, lamentiert über das schlechte Image der Arbeitgeber und gibt dem ‚roten' Bäcker die Schuld, einem Weber, der gegen das Elend aufbegehrt. Er klagt, dass für ihn „kein Tag (...) ohne Ärger und Verlust" vergehe: „Ihr solltet nur manchmal in meiner Haut stecken, ihr würdet's bald genug satt kriegen". Die Weber reagieren mit Zustimmung, weil sie von Herrn Dreißiger auf Gedeih und Verderb abhängig sind. Das wird zum Aktschluss noch einmal dadurch deutlich, dass nun auch die strukturellen Gegebenheiten angesprochen werden, nämlich das Überangebot an Arbeitskräften. Mit dem Topos, dass er ja eigentlich vom Zusetzen lebe, spielt er nun mit der Zusage, arbeitslose Weber zu beschäftigen, den Wohltäter. Dabei überlässt er das weitere Drücken der Löhne seinem Angestellten, dem ‚Expedienten' Pfeifer, dessen entsprechende Methoden der Zuschauer in der ersten Szene des Dramas kennen gelernt hat.

Außer Bäcker wagt kein Weber zu widersprechen

Dreißiger spielt den Wohltäter

Das Milieu der Weber

Der zweite Akt führt nun in das Milieu hinein, das die Wohn- und Arbeitsstätte der Weber darstellt. Wieder charakterisiert ein längerer Nebentext die Örtlichkeit, in dem zahlreiche Adjektive das Elend kennzeichnen („eng", „sehr schadhaft", „zum Teil mit Papier verklebte und mit Stroh verstopfte Fensterlöcher", „abgemagert", „eingefallen" u. a.). Der Soldat Jäger hat ein Flugblatt mit dem ‚Weberlied' mitgebracht, dessen Inhalt den alten Baumert „zu deliranter Raserei" hinreißt, wie es im Nebentext ausgedrückt wird. Im dritten Akt werden Angehörige der verschiedenen sozialen Gruppen im Gasthaus zusammengeführt, der Förster im Dienst des Grundherrn, der Gendarm, ein Handlungsreisender, ein Häusler, ein Bauer, Handwerksmeister, Weber. Unter Führung von Jäger und Bäcker formiert sich ein Zug von Webern, die, mit dem Lied vom ‚Blutgericht' auf den Lippen, zu Dreißigers Villa aufbrechen. In deren Interieur führt der Nebentext des vierten Akts, in dem die Ausstattung „luxuriös", „reich geziert", „stark vergoldet" und ähnlich genannt wird. Hier erlebt der Zuschauer den Beginn des Aufstands aus der Perspektive des Ehepaars Dreißiger, des Pastors und seiner Frau, des Theologiekandidaten Weinhold, der Dreißigers Söhne als Hauslehrer unterrichtet, sowie des Polizeiverwalters, der den aufsässigen Moritz Jäger festnimmt („Es muß ein Exempel statuiert werden"). Draußen jedoch verlangt die aufgebrachte Menge dessen Freilassung, holt ihn schließlich

Die Wirkung des ‚Weberliedes'

Beginn des Aufstandes

Ein Exempel soll statuiert werden

gewaltsam aus dem Haus und verprügelt die Polizisten (Pastor Kittelhaus: „Das wäre ja Revolution"). Dann wird das Haus gestürmt, während sich die Familie Dreißiger in Sicherheit bringt und der Expedient Pfeifer, dessen Auslieferung die Weber fordern, seinen Brotherrn anwinselt, dass er ihn mitnehmen möge. Mit der Demolierung des Hauses endet der vierte Akt. Die Weber ziehen ins sechs Kilometer entfernte Langenbielau weiter: „Von hier aus geh mer nach Bielau nieder, zu Dittrichen, der de mechan'sche Webstihle hat. Das ganze Elend kommt von a Fabriken", sagt Bäcker und gibt damit wieder einen Hinweis auf strukturelle Ursachen, wie vorher schon Dreißiger mit der Bemerkung, dass die Schutzzölle, die das Ausland erhebt, ihn von den besten Märkten abschneiden. Im fünften Akt erscheint der Aufstand umgekehrt in der Perspektive eines Weberhauses, in dem der alte Hilse lebt, welcher aus Gottvertrauen jegliche Gewalt ablehnt. Er will nicht glauben, was man ihm über die Ereignisse berichtet, und lehnt eine Teilnahme ab, indem er seinen Sohn ermahnt: „Das Häufel Himmelsangst und Schinderei da, das ma Leben nennt, das ließ man gerne genug im Stiche. – Aber dann, Gottlieb! dann kommt was – und wenn man sich das auch noch verscherzt, dernachert is's erscht ganz alle."

Dreißigers Villa wird gestürmt

Ortswechsel

Hinweise auf strukturelle Ursachen des Weberelends

Der alte Hilse als Gegenfigur: Er nimmt sein Los gläubig an

Und ausgerechnet dieser fromme Mann wird im Drama zum einzigen Opfer der Ereignisse. Er setzt sich an die Arbeit, während draußen die Weber das Militär mit Pflastersteinen zum Rückzug zwingen. Da trifft ihn eine verirrte Kugel. So ist der fünfte Akt in gewissem Sinne ein Art Korrektiv der vorangegangenen vier Akte. Denn es liegt im Wesen einer Revolte, die aus einer „deliranten Raserei" hervorgeht, wie sie der alte Baumert im zweiten Akt zeigt, dass nach dem Abklingen dieser „Raserei" erst einmal Ernüchterung eintritt. Auch der Umstand, dass das Militär eingreift und es Tote gibt, verändert die Akzente. Schließlich aber ist unter denen, die eine Revolte ablehnen, Hilse der Einzige, der das moralische Recht zu solcher Kritik hat, weil er sein ganzes Leben lang das Elend der Weber, ohne zu murren, erlitten hat. Statt – wie in der klassischen Tragödienform – mit der Katastrophe, d.h. dem Untergang des Helden, zu schließen, hebt der Dichter das Drama im letzten Akt von der Ebene passiven Erleidens und emotionalen Aufbegehrens auf die Stufe einer moralischen Auseinandersetzung über das Problem politischer Gewalt. Theodor Fontane hat in seiner Rezension (1894) in diesem Dramenschluss eine „doppelte Mahnung" gesehen, „eine, die sich nach oben, und eine andere, die sich nach unten wendet und beiden Parteien ins Gewissen spricht".

Hilses Tod bildet den Schlusspunkt des Dramas

Der fünfte Akt: eine Gegenbewegung gegen den bisherigen Ablauf

Der Sinn des Dramenschlusses

Überblick

Im Vergleich mit der traditionellen, geschlossenen Dramenform ergeben sich folgende Merkmale des naturalistischen Dramas:

- **Thematik:** Armut, Ausbeutung, Not, gesellschaftliche Gegensätze, Abhängigkeit des menschlichen Denkens und Handelns von der Soziallage, von der sozialen Rolle und vom ‚Milieu'.
- **Arbeitsweise:** Verarbeitung dokumentarischen Materials, Bemühen, dem Zuschauer überzeugende Tatsachen darzubieten, Wiedergabe der Realität im Detail, Vollständigkeit in der Beschreibung der Umwelt (Nebentext!) und des Verhaltens der Figuren.
- **‚Held':** Die tragende Figur *(‚dramatis persona')* ist nicht eine einzelne herausragende Gestalt, sondern das Kollektiv der Weber, dem die Verelendung gemeinsam ist, das aber dennoch durch unterschiedliche Individualitäten vertreten wird (vgl. die unterschiedliche Reaktion von Bäcker und Heiber auf die Behandlung durch Pfeifer im 1. Akt).
- **Sprache:** Dialekt bzw. aus Dialekt und Hochdeutsch gemischte Umgangssprache der Weber, die schicht- und rollenspezifische Sprechweise der anderen Figuren (Fabrikant, Expedient, Polizist, Pfarrer usw.) werden ‚objektiv', d. h. mit allen Verstößen gegen die Sprachnorm wiedergegeben. Das Fachvokabular des Gewerbes wird – ohne Rücksicht auf den branchenfremden Zuschauer – genau nachgeahmt.
- **Aufbau:** Statt der Pyramidenform des klassischen Dramas (steigende Handlung – Höhepunkt im 3. Akt – fallende Handlung – Katastrophe) Verbindung von Zustandsschilderung (Weberelend: 1.–3. Akt) und Handlungsdarstellung (Weberaufstand Ende des 3.–5. Akt).
- **Offene Form:** Keine geschlossene Dramenwelt, sondern ein ‚Lebensausschnitt' (Abrupter Eingang: „Bleibt sechzehn Silbergroschen zwei Pfennig" führt das Hauptmotiv des ‚Hungerlohns' ein. Offener Ausgang: Der Tod des alten Hilse setzt einen Schlussakzent, doch wird die Frage nicht beantwortet, wie der Aufstand ausgeht).
- **Dramenpoetik:** Einige literarische Techniken der herkömmlichen Dramenpoetik, mit denen dem Zuschauer ein Vorwissen vermittelt wurde, sind weggefallen. Es gibt keinen Monolog, kein

‚Beiseitesprechen' (*ad spectatores*), keine Exposition (Bericht über die Vorgeschichte). Stattdessen muss der Zuschauer das nötige Vorwissen entweder mitbringen oder/und den szenischen, gestischen und mimischen Elementen entnehmen. Das ‚Milieu' ist nicht mehr nur Schauplatz der Handlung, sondern (durch den Nebentext erzählt und beschrieben, d.h. episch vermittelt) auf die Figuren in einer Weise bezogen, dass es mehr über sie aussagt als eine Exposition im traditionellen Sinn. Im ganzen Drama ‚sickert' gleichsam die Vorgeschichte ‚durch'. Da es weder im ganzen Stück noch im einzelnen Akt dramatische Zuspitzungen gibt, nähert sich das naturalistische Drama in der Form dem Stationendrama (s. S. 120).

9.2 Die literarische Epoche des Naturalismus

Aufstand gegen die ‚Gründer'-Generation

Der Naturalismus lässt sich als Protestbewegung junger Schriftsteller gegen die politischen, sozialen und kulturellen Verhältnisse der ‚Gründerzeit', d.h. als Aufstand gegen die ältere Generation, die seit der Reichsgründung 1871 diese Verhältnisse bestimmte, verstehen. Die höheren Industrielöhne hatten einen gewaltigen Wanderungsstrom vom Lande in die Ballungszonen der schnell wachsenden Städte gelenkt. 1889 überrundete die Industrieproduktion zum ersten Mal in der Wertschöpfung die Agrarerträge, 1891 übertraf die deutsche Stadtbevölkerung erstmals zahlenmäßig die Landbevölkerung. Deutschland war in wenigen Jahren zu einer modernen Industrienation geworden. Da gleichzeitig eine natürliche Bevölkerungszunahme erfolgte, gab es ein Überangebot an Arbeitskräften und Mangel an Wohnraum in den Städten. Viele Menschen lebten im Elend. Die proletarischen Massen prägten das Bild der großen Städte. Die Probleme und Nöte dieser Menschen wählten die naturalistischen Autoren zum Gegenstand ihrer Dichtung.

Verstädterung und Proletarisierung

Die Literatur bekommt einen neuen Inhalt

Die Naturalisten bilden eine Gruppe

Diese Autoren fühlten sich – trotz aller Unterschiede und Richtungskämpfe – als Gruppe. In Berlin gründeten sie z.B. einen Verein mit dem Namen „Durch!", der im Hinterzimmer einer Alt-Berliner Kneipe tagte und auch Tagebuch führte. In ihm ist vermerkt, dass Gerhart Hauptmann am 17.6.1887 einen Vortrag über den seinen Vereinsgenossen offenbar unbekannten Georg Büchner gehalten hat.

9

‚Verwissenschaftlichung' der Kunst als Antwort auf die antimetaphysische Wende

Der Naturalismus ist die erste literarische Bewegung – darin liegt seine epochale Bedeutung als Beginn der Moderne –, die die Herausforderung durch das naturwissenschaftliche Weltbild der Gegenwart bewusst angenommen hat. Durch dieses Weltbild waren die philosophischen Grundlagen der klassisch-romantischen Dichtungstradition in Frage gestellt und die Kunst in eine Legitimationskrise geraten. Die Naturalisten reagierten darauf mit dem Ruf nach einer ‚Verwissenschaftlichung' der Kunst.

Wahrheitsbegriff

Unterschied zum Realismus (s. S. 130)

Während im Realismus die Wahrheit der Dichtung in der „künstlerischen Wiedergabe des Lebens", d. h. in der „poetischen Verklärung" des Erfahrungsstoffs gesehen wurde, wird sie nun in Richtung auf wissenschaftliche Objektivitätsmaßstäbe hin definiert. Der Dichter nimmt sich also die induktiv und experimentell vorgehenden Disziplinen, Physik, Chemie, Medizin usw., zum Vorbild. Damit orientiert er sich bewusst am ‚Experimental-Roman' von Emile Zola, von dem sich Fontane deutlich distanziert hatte. So schreibt z. B. Wilhelm Bölsche, einer der Mitbegründer der ‚Freien Volksbühne' in Berlin, wo die Dramen der Naturalisten gespielt wurden, in seinem Buch ‚Die naturwissenschaftlichen Grundlagen der Poesie' (1887):

Vergleich des Dichters mit dem Naturwissenschaftler

„Der Dichter, der Menschen, deren Eigenschaften er sich möglichst genau ausmalt, durch die Macht der Umstände in alle möglichen Konflikte geraten und unter Betätigung jener Eigenschaften als Sieger oder Besiegte, umwandelnd oder umgewandelt, daraus hervorgehen oder darin untergehen läßt, ist in seiner Weise ein Experimentator, wie der Chemiker, der allerlei Stoffe mischt, in gewisse Temperaturgrade bringt und den Erfolg beobachtet. Natürlich: der Dichter hat Menschen vor sich, keine Chemikalien. Aber (...) auch diese Menschen fallen ins Gebiet der Naturwissenschaften (...)."

Milieu und Vererbung

Traditionelles und naturalistisches Bühnenbild

Wenn im klassischen Drama der Schauplatz nur kurz angedeutet wurde, so hat das seinen Grund darin, dass die Figuren ihn mit ihrem Handeln erst füllten und prägten. Dazu genügte eine abstrakte Angabe für das Bühnenbild. Für den naturalistischen Autor gab es jedoch keine ‚Nebensächlichkeiten' bei der Ausgestaltung des Spielraums, weil er seine Figuren als durch ihr ‚Milieu' geprägt ansah. Im geringsten Detail entdeckte er mehr Aussagekraft, aus dem der Zuschauer seine Schlüsse ziehen sollte, als auf allen Raum- und Landschaftsprospekten eines herkömmlichen Theaters. Denn die Details charakterisieren das Milieu, durch das die Figuren des Stücks geprägt sind und aus dem sich ihr Handeln erklärt. Dem Zuschauer soll intimster Einblick in dieses Milieu geboten werden, sodass ihm der optische Rahmen schon die gespielten Situationen erklären hilft, ehe überhaupt der Dialog einsetzt. Das Menschenbild, das hinter dieser Spielweise steht, hat Conrad Alberti in seiner Schrift ‚Natur und Kunst' (1890) so formuliert:

Das Milieu prägt den Menschen

Der optische Rahmen gehört zum Text

Milieutheorie

„Das Milieu in der Kunst wie in der Kunstlehre konnte sich erst entfalten, sobald die jahrhundertealte Legende vom freien Willen des Menschen zerstört war, sobald man wußte, daß der Wille des Menschen in keinem Augenblick frei ist, sondern jeder Mensch nur das will, was er wollen muß, wozu seine Natur und das Milieu ihn zwingen, daß er in jedem Augenblicke einem physiologischen und milieumäßigen Zwange gehorcht."

Auch die Vererbung spielt eine wichtige Rolle bei der Erklärung menschlichen Handelns, z. B. in Hauptmanns erstem Stück, dem sozialen Drama ‚Vor Sonnenaufgang' (1889):

Dekadenz als Drameninhalt

Der Bauer Krause ist durch Landverkauf an die Kohlenindustrie steinreich geworden und dem Trunk verfallen. Die ganze Familie verkommt. Als der alkoholgegnerische Sozialist Loth im Haus erscheint, sieht Helene in ihm ihre einzige Möglichkeit, aus dem verderblichen Milieu ihrer Familie herauszukommen. Doch dieser zieht sich, als es ernst wird, von Helene zurück, weil er fürchtet, seine Kinder könnten erblich belastet werden. Helene macht noch vor Sonnenaufgang ihrem Leben ein Ende, als gerade ihr Vater betrunken nach Hause kommt.

Darwins Lehre auf die Kunst übertragen

Die Theorie von dem Einfluss des Milieus und des Erbguts auf das Individuum haben die Naturalisten aus der Evolutionstheorie von Charles Darwin (1809–1882) auf die Kunst übertragen:

„Die Prinzipien des Kampfes ums Dasein, der natürlichen Auslese, der Vererbung und der Anpassung haben in Kunst und Kunstgeschichte ebenso unbedingte Geltung wie in der physiologischen Entwicklung der Organismen." (Conrad Alberti a. a. O.)

‚Sekundenstil'

Vollständige und möglichst ‚objektive' Wiedergabe der Wirklichkeit

‚Sekundenstil' im Drama und in der Erzählung

Die Auffassung, dass es bei der Darstellung des Menschen in seinem Milieu nichts „Nebensächliches" gebe, weil alles bestimmend auf ihn einwirke, und das Bestreben, das Leben mit wissenschaftlicher Objektivität wiederzugeben, haben jene Eigenart des naturalistischen Stils zur Folge gehabt, die man mit dem Begriff ‚Sekundenstil' bezeichnet hat. Er besteht in einer wirklichkeitskopierenden Technik, die die kleinsten Bewegungen und Gesten minutiös aufzeichnet (vgl. die Regieanweisungen im Text S. 139 f.) und das Sprechen der Figuren mit allen Eigenarten notiert, wie sie heutzutage eine Tonbandaufnahme festhalten würde. Vorbild waren die Erzählstudien ‚Papa Hamlet' von Arno Holz und Johannes Schlaf (1889). Durch Verwendung von Dialekt und Redensart, Satzbruch und Satzfetzen, Ausruf und Emphase, Stammeln, Stöhnen und Seufzen wurde die größtmögliche Nähe zum tatsächlichen Sprachverhalten des durchschnittlichen Menschen erstrebt. Wie die Regieanweisungen beim Drama schilderte hier der Erzählerkommentar die feinsten Regungen des Gebärden- und Mienenspiels, die das Sprechen der Figuren begleiten.

Weiterwirken des ‚Sekundenstils'

Während dieses Vorbild im naturalistischen Drama sogleich angewandt wurde, begann es in der Erzählliteratur erst später seine Wirkung zu entfalten, z. B. in den Romanen von Heinrich und Thomas Mann.

Darstellung des ‚Hässlichen'

Arno Holz hatte sich von der literarischen Tradition mit der kurzen Formel abgesetzt: Unsre Welt ist nicht mehr klassisch, Unsre Welt ist nicht romantisch, Unsre Welt ist nur modern.

Unterschied zur Klassik, Romantik und zum Realismus in ästhetischer Hinsicht

Diese Unterscheidung betrifft den neuen Gegenstand der Dichtung. Die Klassiker hatten „das Schöne" als Gegenstand der Kunst bestimmt (s. S. 67), die Romantiker wollten die Natur durch Dichtung ‚erlösen' (s. S. 90 f.), ja noch die Realisten wollten die Wirklichkeit nur in ‚poetischer Verklärung' wiedergeben (s. S. 130). Die Naturalisten provozierten nun bewusst das Publikum, das in jener literarischen Tradition groß geworden war, durch Gegenstände, die als ‚hässlich' erscheinen mussten, Szenen aus der Alltagswelt von Fabrik und Kneipe, Mietskaserne und Hinterhof, jene von Elend, Armut, Suff, Krankheit, Gewöhnlichkeit erfüllte Wirklichkeit, die man nicht ‚poetisch verklären' oder ‚romantisieren' konnte, sondern mit deren Darstellung die Naturalisten eine Welt nahe bringen wollten, die vom gebildeten Publikum sonst verdrängt wurde. Kaiser Wilhelm II., der so empört auf die Aufführung der ‚Weber' reagiert hatte (s. S. 138), verdammte die ganze Literatur des Naturalismus als „Rinnsteinkunst".

Eine verdrängte Wirklichkeit Gegenstand des Naturalismus

Politische Implikationen

Politisch ‚zwischen zwei Stühlen'

Politisch saßen die Naturalisten mit ihrem Anliegen, eine verdrängte Wirklichkeit zu demonstrieren, zwischen zwei Stühlen. Wie der Kaiser, so war auch das Bürgertum von dieser Demonstration geschockt, denn Staatstreue hing eng mit „schöner Literatur" zusammen, wie man sie in der Schule las. Doch wurde diese Wertung auch von den Sozialdemokraten übernommen, mit denen die Naturalisten sympathisiert hatten, bevor jene 1890 zur staatstragenden Partei wurden. Wilhelm Liebknecht lehnte eine Zusammenarbeit mit dem ‚Jüngsten Deutschland', wie er die Gruppe nannte, ab. Arno Holz aber übernahm diese Bezeichnung für den eigenen Literaturkreis, weil er sich – wie Hauptmann mit seinem Büchner-Vortrag (s. S. 145) – am ‚Jungen Deutschland' statt an Klassik oder Romantik orientieren wollte. Denn das ‚Junge Deutschland' hatte zum ersten Mal Themen zum Gegenstand der Dichtung gemacht, die von der gebildeten Gesellschaft, d. h. vom literarischen Publikum verdrängt wurden.

Naturalismus als das ‚Jüngste Deutschland'

In Europa gab es längst naturalistische Dichtung, z. B. die Romane des Franzosen Emile Zola (1840–1902), oder die Dramen des Norwegers Henrik Ibsen (1828–1906) und des Schweden August Strindberg (1849–1912).

Überblick

- Der Naturalismus ist als **Protestbewegung** gegen die ‚Gründergeneration' zu verstehen. Seine Autoren wählen die **Welt des städtischen Proletariats** als bevorzugten Gegenstand. Sie bilden eine **Gruppe** in Form eines eingetragenen Vereins.
- Die Naturalisten wollen die Kunst an der **induktiv-experimentellen Methode** der Naturwissenschaften orientieren, indem sie die Wirklichkeit ‚objektiv' darstellen, nachdem sie ‚recherchiert' haben.
- Ihr **Menschenbild** ist **materialistisch** (Milieu, Vererbung, Daseinskampf: Darwin).
- Im Bemühen, die Wirklichkeit in all ihren Details zu erfassen, die den Menschen bestimmen und beeinflussen, wird der **‚Sekundenstil'** entwickelt.
- Mit der **Wahl ‚hässlicher' Gegenstände** provozieren die Naturalisten das Publikum, das an ‚schöne Literatur' gewöhnt ist.
- Politisch wurde der Naturalismus **weder rechts noch links akzeptiert**, weil die Sozialdemokratie sich an der bürgerlichen Bildung orientierte.
- Mit dem Naturalismus **erreichte** die deutsche Literatur **den Anschluss an den internationalen Standard** (Weltliteratur).

9.3 Autoren

Gerhart Hauptmann
Foto 1897

Gerhart Hauptmann (1862–1946), Sohn eines Hotelbesitzers in Schlesien, Ausbildung als Landwirt, dann als Bildhauer, seit 1884 in Berlin, ab 1900 in Agnetendorf/Schlesien und Hiddensee, 1912 Nobelpreis. Wilhelm II. verweigert Hauptmann den Schillerpreis.

Arno Holz (1863–1929), Sohn eines Apothekers in Ostpreußen, seit 1875 in Berlin, Redakteur, 1885 Schillerpreis (den Hauptmann 1896 auf Einspruch Wilhelms II. nicht erhielt), Zusammenarbeit mit Johannes Schlaf (1888/89)

Gründe für die oppositionelle Haltung der Autoren des Naturalismus

Die meisten Autoren des Naturalismus waren als Altersgenossen in den frühen 60er Jahren geboren, stammten aus mittelständischen – nicht großbürgerlichen – Familien, verlebten Kindheit und Jugend in der Provinz und zogen als Erwachsene in die Großstädte München und Berlin. Der Sieg über Frankreich und die Reichsgründung waren für sie Vergangenheit, ihre Gegenwart durch das (durch die französischen Reparationen ermöglichte), ‚Wirtschaftswunder' und die Verwandlung Deutschlands in einen Industriestaat geprägt. Sie erlebten, dass der Staat sich auf die Seite der Besitzenden schlug (Dreiklassenwahlrecht) und die Partei, die sich um die Besitzlosen kümmerte, in die Ecke drängte (Sozialistengesetz). Da der wirtschaftlichen und industriellen Entwicklung keine entsprechende kulturelle Blüte entsprach und in der Schule die Weimarer Klassik kanonisiert wurde, gerieten die jungen Autoren in Opposition zu Staat und Gesellschaft.

Hauptmanns Werk vielgestaltig

Gerhart Hauptmann ragte aus dem Kreis der Autoren, die sich dem Programm des Naturalismus verschrieben hatten (Arno Holz, Johannes Schlaf, Conrad Alberti u. a.), dadurch heraus, dass er außer den literarischen Mitteln des Naturalismus auch solche des Symbolismus verwendete (z. B. in der Darstellung des Eisenbahnwesens im ‚Bahnwärter Thiel') und außer Stoffen der Gegenwart auch Märchenmotive und antike Mythen verarbeitete (Hanneles Himmelfahrt 1894; Und Pippa tanzt 1906; Atriden-Tetralogie 1946). Er überlebte – wie Goethe ein Jahrhundert zuvor – alle seine Altersgenossen. Sein Erfolg ist dadurch zu erklären, dass er dem Publikum genau jene Mischung aus Wiedererkennen (Erwartungserfüllung) und Irritation (Erwartungskorrektur) anbot, die zur Rezeption neuer poetischer Muster erforderlich ist.

Mischung aus Erfüllung und Enttäuschung literarischer Erwartungen beim Publikum

9.4 Werke

Aufeinanderfolge: Lyrik, Prosa, Drama

Im Anfang lag der Schwerpunkt in der **Lyrik**. Dann wird die naturalistische Methode in der **Erzählprosa** entwickelt und auf das **Drama** übertragen, das dann zur dominierenden Gattung wird.

Arno Holz. Foto um 1910

Arno Holz: Das Buch der Zeit. Gedichte (1885):
Über die Epoche des Naturalismus hinaus ist – neben dem epischen und dramatischen Schaffen von Hauptmann – auch die Lyrik von Arno Holz, dem Programmatiker des Naturalismus, von Bedeutung. Mit ihm beginnt die deutsche Großstadtlyrik, in der sich die Daseinsproblematik proletarisierter Menschen spiegelt, die zur Arbeitssuche in die ohne jede Struktur und Integration aus dem Boden schießenden Ballungsgebiete zogen, dort von keinem sozialen Beziehungsnetz getragen wurden und die Stadt als eine feindliche Umwelt erleben mussten. In dem folgenden Erzählgedicht wird das ‚Milieu' mit ähnlichen Mitteln gezeichnet, wie es Hauptmann in den ‚Webern' macht:

Ein Andres

Fünf wurmzernagte Stiegen geht's hinauf
Ins letzte Stockwerk einer Mietskaserne;
Hier hält der Nordwind sich am liebsten auf
Und durch das Dachwerk schaun des Himmels Sterne.
Was sie erspähn, o, es ist grad genug,
Um mit dem Elend brüderlich zu weinen:
Ein Stückchen Schwarzbrod und ein Wasserkrug,
Ein Werktisch und ein Schemel mit drei Beinen.

Das Fenster ist vernagelt durch ein Brett
Und doch durchpfeift der Wind es hin und wieder,
Und dort auf jenem strohgestopften Bett
Liegt fieberkrank ein junges Weib darnieder.
Drei kleine Kinder stehn um sie herum,
Die stieren Blicks an ihren Zügen hangen,
Vor vielem Weinen ward ihr Mündlein stumm
Und keine Thräne mehr netzt ihre Wangen.

Ein Stümpfchen Talglicht giebt nur trüben Schein,
Doch horch, es klopft, was mag das nur bedeuten?
Es klopft und durch die Thür tritt nun herein
Ein junger Herr, geführt von Nachbarsleuten.

Der Armenhilfsarzt ist's aus dem Revier,
Den sie geholt aus Mitleid mit der Kranken,
Indeß ihr Mann bei Branntwein oder Bier
Sich selbst betäubt und seine Wuthgedanken.

Der junge Doctor aber nimmt das Licht
Und tritt mit ihm ans Bett des armen Weibes,
Doch gelb wie Wachs und spitz ist ihr Gesicht
Und kalt und starr die Glieder ihres Leibes.
Da schluchzt sein Herz, indeß das Licht verkohlt,
Von nie gekannter Wehmuth überschlichen:
Weint, Kinder, weint! ich bin zu spät geholt,
Denn eure Mutter ist bereits – verblichen.

Max Klinger:
Eine Mutter I. Aus dem
Zyklus „Dramen". 1883

Der Erzähler nimmt den Leser in das Elendsquartier einer Dachwohnung, im „letzte(n) Stockwerk einer Mietskaserne“, mit. Wie die Romantik ihr Bildrepertoire hatte, so wird hier das „Elend“ (6) mit ganz bestimmten Elementen ausgemalt, die die einzelnen Dimensionen der Not bezeichnen:
„Nordwind“ (3): Kälte; „Schwarzbrod“ und „Wasserkrug“ (7): Hunger; „Werktisch“ und „Schemel“ als einziges Mobiliar (8): Armut. Dass hier „ein junges Weib“ (12) todkrank liegt, weist auf eine geringe Lebenserwartung hin. Die Kinder haben schon so viel durchgemacht, dass sie gar nicht mehr jammern und weinen können (15/16). Dass der Mann in der Kneipe sitzt (23/24), statt seiner kranken Frau beizustehen und sich um die Kinder zu kümmern, deutet auf ein zerrüttetes Familienleben hin. Die Menschen, die sich in solcher Not befinden, sind Gegenstand des „Mitleid(s)“ ihrer Nachbarn (20–22), werden, wenn überhaupt, von einem „Armenhilfsarzt“ (21) behandelt. Doch dieser kann – wie seine Diagnose erweist (25–28) – der jungen Frau nicht mehr helfen. Ihr Lebenslicht erlischt (29). „Wehmut“ ergreift den „jungen Doctor“ (29/30). Er kann nur noch den Kindern sagen, dass sie Grund zum Weinen haben, er zu spät geholt, die Mutter schon „verblichen“ sei (31/32). Es gibt keine Hoffnung in dem Gedicht, keine weiterweisende Perspektive.

Die Hilfe kam zu spät

Eine Veränderung der Verhältnisse ist nicht in Sicht

Gerhart Hauptmann: Bahnwärter Thiel. Novelle (1888):
Der körperlich kräftige, pflichtbewusste Bahnwärter Thiel heiratet nach dem Tod seiner zarten und kränklichen Frau Minna die robuste Bauernmagd Lene, damit Minnas Sohn Tobias wieder eine Mutter hat. Sexuell von ihr abhängig, muss Thiel hilflos zusehen, wie Lene Tobias gegenüber dem eigenen Kind benachteiligt, ihn vernachlässigt und misshandelt. Schließlich wird Tobias infolge Lenes Unachtsamkeit von einem Zug überfahren. Da wird aus Thiels Hilflosigkeit Raserei; er tötet Lene und ihr Kind mit dem Beil, verfällt in Wahnsinn und wird in eine Irrenanstalt gebracht.

Vgl. Büchners ‚Woyzeck‘ (S. 104)

Gerhart Hauptmann: Der Biberpelz. Eine Diebeskomödie (1893):
Das Stück spielt „irgendwo in Berlin“. Als Zeit wird ausdrücklich der „Septennatskampf“ 1887 angegeben, d. h. die Auseinandersetzungen im Reichstag über den Militärhaushalt für die nächsten sieben Jahre. Die vier Akte spielen abwechselnd in der Wohnküche der Familie Wolff und dem Dienstzimmer des Amtsvorstehers Baron von Wehrhahn. Das Stück ist insofern analytisch aufgebaut, als nacheinander der Wild-, dann der Holz- und schließlich der Pelzdiebstahl der lebenstüchtigen, aufstiegsorientierten Mutter Wolffen vor dem Zuschauer aufgedeckt wird. Allein Herr von

Vgl. die Komödie ‚Der zerbrochene Krug‘ von Heinrich Kleist

Wehrhahn durchschaut seine Kontrahentin nicht und verhindert eine Strafverfolgung, die eigentlich seine Aufgabe wäre, weil er völlig in Anspruch genommen ist von der Aufspürung „reichs- und königsfeindlicher Elemente", die er vor allem in der Person eines Dr. Fleischer vermutet. Da der Bestohlene als dessen Freund gilt, wird seine Klage gar nicht ernst genommen. Vielmehr rechnet der Baron nun ausgerechnet Mutter Wolffen zu den Reichs- und Königstreuen und lobt sie zum Schluss als „ehrliche Haut", worauf diese nur den Kopf schüttelt: „Da weeß ich nu nich …"

Abweichung vom Gattungsmuster des Dramas: Satire als konkurrierendes Muster

Mutter Wolffen bringt gegen die moralischen Einwände ihres Mannes die Lebensregel auf den Punkt, die auch sonst in der Gesellschaft gilt: „Wer halt nich wagt, der gewinnt ooch nich. Und wenn de erscht reich bist, Julian, und kannst in der Eklipage sitzen, da fragt dich kee Mensch nich, wo de's her hast." Der Gesellschaft mit ihrer doppelten Moral soll der satirische Spiegel vorgehalten werden. Dieser Absicht dient die Abweichung vom Gattungsmuster, nach dem sich offenbar die Zuschauer richteten, als sie bei der Uraufführung am 21. 9. 1893 auf einen fünften Akt warteten, der die Aufdeckung der Diebstähle und die Bestrafung der Diebin enthalten sollte. Doch kommt es eigentlich eher auf Wehrhahns Niederlage an, der sich ja auch krimineller Methoden bedient, indem er seinen Spitzel zur Falschaussage gegen Dr. Fleischer verleiten will, der wiederum von Mutter Wolffen vor diesem gewarnt wird. Die so zustande gekommene Angleichung von Täter und Verfolger, Diebin und Obrigkeit, ist die entscheidende Voraussetzung für die Verbindung der beiden Muster, Komödie und Satire, auf der die Form des Stücks beruht.

Der Kritiker Alfred Kerr (1867–1948) verglich diese Komödie mit den ‚Webern' und schrieb: „Die Weber waren der offne Krieg der Unteren gegen die Besitzenden; der Biberpelz gab den versteckten, listigen Guerillakrieg dieser Unteren gegen die Besitzenden."

Zusammenfassung: Naturalismus

Themen:
Armut, Ausbeutung, Not und Elend **proletarischer Existenz**, Großstadtleben.
Menschliches Handeln in Abhängigkeit von Vererbung und Milieu (physische und psychische Verfassung, Soziallage).

Gattungen:
Am Anfang der Epoche Großstadt**lyrik**, dann experimentelle **Prosa** (‚Sekundenstil'), von Bedeutung vor allem die sozialen **Dramen** von Hauptmann, die heute noch aufgeführt werden.

Literarische Technik:
Lyrik als **Erzählgedicht** mit genauer Milieuschilderung.
Prosa als **Studie** (z. B. Krankengeschichte), in der tatsächliches Sprechen und Handeln der Menschen im Detail wiedergegeben werden (Im ‚Bahnwärter Thiel' auch Mittel des Symbolismus verwendet).
Offenes Drama als ‚Lebensausschnitt' (ohne Exposition, Monolog, Beiseitesprechen), epischer **Nebentext** führt Milieu mit allen Details vor und kommentiert das Bühnengeschehen, **Volk** als dramatische Person, Sprache bis in alle Einzelheiten (Dialekt, Fehler, unvollständige Sätze, Fachvokabular) genau wiedergegeben, Nebentext schreibt Mimik und Gestik vor.

Autoren:
Gerhart Hauptmann (1862–1946)
Arno Holz (1863–1929)

Werke:
Gerhart Hauptmann: Bahnwärter Thiel. Novellistische Studie (1888), Die Weber. Schauspiel (1893), Der Biberpelz. Komödie (1893)
Arno Holz: Das Buch der Zeit. Großstadtgedichte (1885)

Ende des bürgerlichen Zeitalters (1900–1914)

10

- Traditionsbruch
- Elitenwechsel
- Dekadenz
- Stilpluralismus
- Künstlerprobleme
- Ambivalente Lebensstimmung
- Nihilismus
- Kriegsgefahr in Europa

„Ich glaubte ... ich glaubte ... es käme nichts mehr ...“ (antwortet der kleine Hanno, als der Vater ihn fragt, warum er im Familienstammbaum unter seinem Namen – wie im Rechenheft – einen Doppelstrich gezogen habe (Buddenbrooks VIII 7)).

10

10.1 Das geistige Klima der Zeit

Die Zeitspanne zwischen 1900 und dem Ersten Weltkrieg

Eine einheitliche Leitlinie fehlt

Eine Vielzahl poetischer Möglichkeiten wird angeboten

Die literarische Moderne kündigt sich an

Die Zeit von 1900 bis zum Ausbruch des Ersten Weltkrieges wird in der deutschen Geschichtswissenschaft unter der Überschrift ‚Das Ende des Wilhelminischen Zeitalters' behandelt. Der Literaturhistoriker fasst sie mit dem Begriff ‚Gegenströmungen zum Naturalismus' zusammen. Diese Zeitspanne ist dadurch gekennzeichnet, dass der Kultur ein gemeinsamer geistiger Zusammenhang verloren geht, in dem die Menschen verstehen können, was sie tun und was ihnen widerfährt. In der Literatur entsteht daraufhin eine Bewegung, in der nicht mehr – wie in den bisherigen Epochen – eine einheitliche Leitlinie auszumachen ist, sondern die sich in einen Pluralismus unterschiedlicher Themen und Stilkonzepte ausfächert. Der Künstler kann nun frei unter einer Vielzahl gleichzeitig gültiger Stilkonzepte seine Wahl treffen. Außer den Traditionen des bürgerlichen Realismus und des avantgardistischen Naturalismus bieten sich neue poetische Programme an, die man mit Begriffen wie Impressionismus, Symbolismus, Jugendstil u. a. zu erfassen versucht hat. Die herausragenden Autoren der Zeit lassen sich nicht mehr einer literarischen Richtung zuordnen, weil sie in ihrer Entwicklung mehrere Stilkonzepte erprobt haben oder in ihren Werken solche nebeneinander zu finden sind. Im Rahmen dieses Stilpluralismus entsteht allmählich die literarische Moderne. Deren Merkmale sind ein individualistisches Selbstverständnis des Künstlers, eine kritische Überprüfung jeglicher Überlieferung und eine Auffassung vom Schreiben als sprachlichem Experiment, d. h. als Erproben von Möglichkeiten.

Die Geschichte hat sich beschleunigt

Fortschrittsoptimismus

Man kann diesen literaturgeschichtlichen Prozess als Reaktion auf den rasanten politischen und sozialen Wandel in Deutschland seit der Reichsgründung verstehen. Die Industrialisierung hatte die materielle und soziale Welt völlig verändert. In Fabrikhallen trieben Dampfmaschinen große Schwungräder an. Mehrstöckige Mietshäuser in den schnell wachsenden Städten mit prächtiger Fassade, aber grauen Hinterhöfen, schoben sich in die Landschaft hinaus. Schnellzüge verkürzten die europäischen Entfernungen. Viele Menschen waren stolz auf die Errungenschaften von Naturwissenschaft und Technik und glaubten an einen kulturellen Fortschritt.

Der Philosoph Ernst Haeckel, der die Abstammungslehre von Charles Darwin in Deutschland populär gemacht hatte, versprach ihnen in seinem Bestseller von 1899 die Lösung aller „Welträtsel". Er hielt sie für möglich, weil die Menschen nun durch ihre bahnbrechenden technischen Erfindungen „alle früheren Jahrhunderte überflügelt" hätten.

Der Naturalismus war als Protestbewegung gegen das soziale Elend, das dieser Fortschritt mit sich gebracht hatte, innerhalb der nationalen Grenzen geblieben. Mit seinem Programm einer ‚Verwissenschaftlichung' der Kunst blieb er auch seiner Zeit verhaftet. Die neue Bewegung aber kannte weder Grenzen in Raum noch Zeit. Sie stellte die europäische Kultur als Ganzes in Frage, griff ihre religiösen Grundlagen im Christentum an und erklärte das Menschenbild der Aufklärung, d. h. die moralisch verantwortliche Persönlichkeit, für ungültig. Doch wird nicht nur die Vergangenheit verworfen, sondern auch eine bessere Zukunft entworfen. Daher sind die neuen antinaturalistischen ‚Strömungen' durch eine Ambivalenz zwischen Angst und Zuversicht gekennzeichnet, die dem Verständnis zuweilen Widerstand bietet.

Begrenzter Horizont des Naturalismus

In der neuen Bewegung steht ganz Europa und seine Kultur auf dem Prüfstand

Ambivalenz zwischen Angst und Zuversicht

Friedrich Nietzsche (1844–1900), der einflussreichste Philosoph der Jahrhundertwende, warnt schon in den 80er Jahren des 19. Jahrhunderts vor einer drohenden Katastrophe:

Was ich erzähle, ist die Geschichte der nächsten zwei Jahrhunderte. Ich beschreibe, was kommt, was nicht mehr anders kommen kann: *die Heraufkunft des Nihilismus.* Diese Geschichte kann jetzt schon erzählt werden: denn die Notwendigkeit selbst ist hier am Werke. Diese Zukunft redet schon in hundert Zeichen, dieses Schicksal kündigt überall sich an; für diese Musik der Zukunft sind alle Ohren bereits gespitzt. Unsre ganze europäische Kultur bewegt sich seit langem schon mit einer Tortur der Spannung, die von Jahrzehnt zu Jahrzehnt wächst, wie auf eine Katastrophe los: unruhig, gewaltsam, überstürzt: einem Strom ähnlich, der ans Ende will, der sich nicht mehr besinnt, der Furcht davor hat, sich zu besinnen.
(Friedrich Nietzsche; Werke, Band III, München, 1956, S. 634)

Eine Katastrophe droht

Diese Worte klingen wie die Botschaft eines alttestamentlichen Propheten, der den Untergang einer Herrschaft ankündigt. Nietzsche erwartet aber als Folge einer Abschaffung der bisherigen Religion und Moral eine „Fröhliche Wissenschaft" (1887), in der sich die Weisheit mit dem Lachen verbündet. Vor diesem Hintergrund soll man die Geschichte vom „tollen Menschen" verstehen, die er nach dem Vorbild des antiken Philosophen Diogenes von Sinope (gest. 323 v. Chr.) gedichtet hat. Der kam am hellichten Tag mit einer Laterne auf den Marktplatz und sagte: „Ich suche einen Menschen!" (Diog. Laert. VI 41). Der Text ist mit seiner Schwebe zwischen Humor und Ernst ein frühes Beispiel für den Jugendstil:

Eine „fröhliche Wissenschaft" kann es erst nach der Abschaffung der Religion geben

Ein frühes Beispiel für den Jugendstil

Gott ist tot!

Der tolle Mensch. – Habt ihr nicht von jenem tollen Menschen gehört, der am hellen Vormittage eine Laterne anzündete, auf den Markt lief und unaufhörlich schrie: „Ich suche Gott! Ich suche Gott!" – Da dort gerade viele von denen zusammenstanden, welche nicht an Gott glaubten, so erregte er ein großes Gelächter. Ist er denn verlorengegangen? sagte der eine. Hat er sich verlaufen wie ein Kind? sagte der andere. Oder hält er sich versteckt? Fürchtet er sich vor uns? Ist er zu Schiff gegangen? ausgewandert? – so schrien und lachten sie durcheinander. Der tolle Mensch sprang mitten unter sie und durchbohrte sie mit seinen Blicken. „Wohin ist Gott?" rief er, „ich will es euch sagen! Wir haben ihn getötet – ihr und ich! Wir alle sind seine Mörder! Aber wie haben wir dies gemacht? Wie vermochten wir das Meer auszutrinken? Wer gab uns den Schwamm, um den ganzen Horizont wegzuwischen? Was taten wir, als wir diese Erde von ihrer Sonne losketteten? Wohin bewegt sie sich nun? Wohin bewegen wir uns? Fort von allen Sonnen? Stürzen wir nicht fortwährend? Und rückwärts, seitwärts, vorwärts, nach allen Seiten? Gibt es noch ein Oben und ein Unten? Irren wir nicht wie durch ein unendliches Nichts? …
(Friedrich Nietzsche; Werke, Band II, München, 1955, S. 126 f.)

Verbindung zwischen Humor und Ernst bei Wedekind

Wille zur Lebensreform (Vitalismus)

Die Verbindung von Humor und Ernst ist auch ein Merkmal der „Kindertragödie", die Frank Wedekind unter dem Titel „Frühlings Erwachen" 1891 verfasst hat. Sie wurde aus Gründen der Zensur – und dann auch nur mit Streichungen – erst 1906 aufgeführt. In ihr steht der Wille zu einer radikalen Lebensform (Melchior, der vermummte Herr) der Lebensflucht (Moritz Stiefel) gegenüber. Wedekind spricht dem Leben die Macht zu, die Geschichte zu überwinden und ein neues Zeitalter heraufzuführen.

10.2 Jugendstil

Die Zeitschrift ‚Jugend'

Der Jugendstil hat seinen Namen von der seit 1896 in München erscheinenden ‚Illustrierten Wochenschrift für Kunst und Leben', die ein lebensreformerisches Programm verfolgte. Sie wurde 1901 in ‚Jugend' umbenannt und brachte Beiträge von Autoren, die zu diesem Thema etwas zu sagen hatten. Der Jugendstil war ein alle Bereiche künstlerischer Gestaltung umfassendes Phänomen, das sich über ganz Europa verbreitete (engl.: modern style, franz.: art nouveau).

Inhaltlicher und formaler Jugendstil

Ornamentik in der Buchkunst

Der Jugendstil taucht zuerst in Form des Ornaments in der Buchkunst auf, wo er seine typischen Bildmotive in Vignetten, Kopf- und Randleisten, Titelblättern und Einbanddecken entfaltet. Von dort wird die Ornamentik auf die Gestaltung von Wänden, Teppichen, Möbeln usw. übertragen. Ihre Elemente sind stilisierte Bäume und Pflanzen, Falter und Fische, Brunnen und Wasserspiele, sich drehende und tanzende Frauen sowie mythische Wesen wie Nymphen, Undinen und Faune. Diese Bildelemente führen in eine künstliche Welt hinein, die mit der Alltagswirklichkeit nichts zu tun hat. Kennzeichnend für die Abgeschlossenheit dieser Kunstwelt ist das Leitmotiv des Gartens, wie es in einem Gedicht von Georg Trakl (1887–1914) ausgeführt ist:

Repertoire stilisierter Bildmotive

Der Garten als Bild der abgeschlossenen Kunstwelt

Resedaduft verschwebt im braunen Grün,
Geflimmer schauert auf den schönen Weiher,
Die Weiden stehn gehüllt in weiße Schleier,
Darinnen Falter ihre Kreise ziehn.

Verlassen sonnt sich die Terrasse dort,
Goldfische glitzern tief im Wasserspiegel –
Bisweilen schwimmen Wolken übern Hügel
Und langsam gehn die Fremden wieder fort.

Die Lauben scheinen hell, da junge Frau'n
Am frühen Morgen hier vorbeigegangen;
Ihr Lachen blieb an kleinen Blättern hangen.
In goldnen Dünsten tanzt ein trunkener Faun.

Jugendstilmotive

Porzellanteller, koloriert

Blumenvase

Es wird hier offenbar kein Spaziergang durch den Garten geschildert, sondern ein Kunstgegenstand, vielleicht eine Porzellanschale, beschrieben. Sie zeigt ein Jugendstilbild in typischen Farben (braunes Grün 1). Die Einzelheiten (Weiher 2, Weiden 3, Terrasse 5, Lauben 9, Faun 12) sind kunstvoll komponiert. In der Phantasie des Betrachters belebt sich das Bild (verschwebt 1, Kreise ziehn 4), dehnt sich in der Zeit (bisweilen 7, langsam 8, am frühen Morgen 10). Es gibt keine Botschaft, es kommt nur auf die Schönheit des Gartens an (Ästhetizismus). In der Innenarchitektur und im Kunsthandwerk diente der Jugendstil dazu, dem Ambiente, in dem man lebt, Schönheit zu verleihen.

Der Mensch schafft sich ein schönes Ambiente

10.3 Impressionismus

Herkunft des Begriffs

Eine neue Wahrnehmungsweise in den Künsten

Weil man sie nicht im ‚Salon de Paris' zuließ, stellten die Maler Pisarro, Dégas, Cézanne, Sisley, Monet und Renoir 1874 ihre Bilder im Atelier eines Fotografen aus. In Anspielung auf Monets ‚Sonnenaufgang' ('Impressionismus, le soleil levant') verspottete ein Kritiker die Ausstellung als eine ‚Exposition des impressionistes'. Die Bilder zeigten eine damals ungewohnte neue Wahrnehmungsweise. Während der Betrachter seine Aufmerksamkeit auf den Bildaufbau, die Komposition, richtete, kam es dem Maler darauf an, die Vielfalt von Sinneseindrücken, Farben, Schatten und Spiegelungen festzuhalten, die ihn faszinierten. Er verlangte vom Betrachter, dass er sich genauso auf die vielen Einzelheiten und ihr verwirrendes Zusammenspiel einlassen sollte wie der Maler selbst. Auch in der Musik wurden damals Sinneseindrücke impressionistisch wiedergegeben (Debussy), woran sich die Hörer erst gewöhnen mussten. In der Literatur gibt es nun die genaue Wiedergabe von Sinneseindrücken wie in den anderen Künsten.

Rilke ‚Die Aufzeichnungen des Malte Laurids Brigge' (1910):

Daß ich es nicht lassen kann, bei offenem Fester zu schlafen. Elektrische Bahnen rasen läutend durch meine Stube. Automobile gehen über mich hin. Eine Tür fällt zu. Irgendwo klirrt eine Scheibe herunter, ich höre ihre großen Scherben lachen, die kleinen Splitter kichern. Dann plötzlich dumpfer, eingeschlossener Lärm von der anderen Seite, innen im Hause. Jemand steigt die Treppe. Kommt, kommt unaufhörlich. Ist da, ist lange da, geht vorbei. Und wieder die Straße. Ein Mädchen kreischt: Ah tais-toi, je ne veux plus. Die Elektrische rennt ganz erregt heran, darüber fort, fort über alles. Jemand ruft. Leute laufen, überholen sich. Ein Hund bellt. Was für eine Erleichterung: ein Hund. Gegen Morgen kräht sogar ein Hahn, und das ist Wohltun ohne Grenzen. Dann schlafe ich plötzlich ein.

Dieses Protokoll einer schlaflosen Nacht anhand genau notierter Einzelheiten vermittelt dem Leser einen Eindruck von dem ruhelosen Leben in der Großstadt Paris. Großstadtdichtung ist eine Konstante in der Literatur der Jahrhundertwende.

Rilke hat diese impressionistische Erzähltechnik in der Lyrik zum ‚Dinggedicht' entwickelt. In ihm nimmt sich der Beobachter ganz zurück und lässt den Gegenstand so lange auf sich einwirken, bis ihm dessen ‚Wesen' oder Eigenart in seiner Erscheinung klar wird. Als Beispiel kann sein berühmtestes ‚Dinggedicht' aus dem Jahr 1903 dienen. Das Protokollartige des Entstehungsprozesses wird dadurch betont, dass der Ort des Erlebnisses notiert ist: „Im Jardin des Plantes, Paris":

Zum ‚Dinggedicht' s. S. 134 f.

Sich einlassen auf die Erscheinung

Rilke ‚Der Panther'

Sein Blick ist vom Vorübergehn der Stäbe
so müd geworden, dass er nichts mehr hält.
Ihm ist, als ob es tausend Stäbe gäbe
und hinter tausend Stäben keine Welt.

Der weiche Gang geschmeidig starker Schritte,
der sich im allerkleinsten Kreise dreht,
ist wie ein Tanz von Kraft um eine Mitte,
in der betäubt ein großer Wille steht.

Nur manchmal schiebt der Vorhang der Pupille
sich lautlos auf –. Dann geht ein Bild hinein,
geht durch der Glieder angespannte Stille –
und hört im Herzen auf zu sein.

Mit geduldiger Beobachtung der äußeren Erscheinung des Panthers im Käfig stößt der Sprecher im Gedicht zu seinem Gegenstand vor, der wirklichen Situation des gefangenen, von Natur aus pfeilschnellen Raubtiers der Savanne. Dessen scharfer, sonst auf Beute gerichteter Blick nimmt von der Welt nur noch die Stäbe seines Käfigs wahr (1–4). Es kann sich nur noch „im allerkleinsten Kreise" drehen und nicht mehr – von seinem „großen Willen", d. h. seinem Instinkt angetrieben – kilometerlange Strecken bewältigen (5–8). Die Wahrnehmungen des Raubtiers finden keinen seinem Wesen angemessenen Gegenstand mehr, lösen keine Aktivität mehr aus und hören daher „im Herzen auf zu sein" (9–12). Beschreibung und Deutung der äußeren Erscheinung des Panthers durch den impressionistischen Dichter bleiben konkret und allgemeinverständlich.

Genaue Beobachtung der äußeren Erscheinung führt zur Erkenntnis

Rainer Maria Rilke. Foto um 1918

10.4 Symbolismus

Symbolismus: zweckfreie Dichtung

Der Symbolismus verficht die These, dass Dichtung weder (beschreibend) mit der objektiven Realität noch (bekennend) mit dem subjektiven Ich zu tun habe. Vielmehr sei die Sprache ihr Reich, d. h. das Wort in einem streng zweckfreien Sinn. Der Dichter baut sich eine eigene Welt in ihr, wie dieses Gedicht von Stefan George (1868–1933) zeigt:

Der Herr der Insel (1895)

Die fischer überliefern dass im süden
Auf einer insel reich an zimt und öl
Und edlen steinen die im sande glitzern
Ein vogel war der wenn am boden fussend
Mit seinem schnabel hoher stämme krone
Zerpflücken konnte · wenn er seine flügel
Gefärbt wie mit dem saft der Tyrer-schnecke
Zu schwerem niedrem flug erhoben: habe
Er einer dunklen wolke gleichgesehn.
Des tages sei er im gehölz verschwunden ·
Des abends aber an den strand gekommen ·
Im kühlen windeshauch von salz und tang
Die süsse stimme hebend dass delfine
Die freunde des gesanges näher schwammen
Im meer voll goldner federn goldner funken.
So habe er seit urbeginn gelebt ·
Gescheiterte nur hätten ihn erblickt.
Denn als zum erstenmal die weissen segel
Der menschen sich mit günstigem geleit
Dem eiland zugedreht sei er zum hügel
Die ganze teure stätte zu beschaun gestiegen
Verbreitet habe er die grossen schwingen
Verscheidend in gedämpften schmerzeslauten.

Mehrfache Distanzierung des Bildes durch Sprache und Stil des Gedichts

Das Bild des großen Vogels mit der „süssen stimme“ (13) ist mehrfach in Distanz gerückt, einmal zeitlich („seit urbeginn“: 16), dann räumlich („Auf einer insel“: 2), schließlich durch die Erzählweise („Die fischer überliefern …“: 1; kontinuierlicher Konjunktiv der indirekten Rede). In mythische Ferne wird der Vogel auch dadurch gerückt, dass ihm Delphine zuhören (13/14), während Menschen ihm nur begegnen, wenn sie am Strand der Insel Schiffbruch erleiden (17). Auch durch die Sprachform wird die Verbindung des Gedichts mit der realen Welt, welche Dichter und Leser umschließt, aufgehoben. Dafür sorgt einmal die gezierte Wortwahl („reich an zimt und öl": 2; „Gefärbt wie mit dem saft der Tyrer-schnecke": 7 statt ‚purpurrot'; „schwingen": 22 statt ‚Flügel' usw.), dann auch die künstliche Syntax („wenn am boden fussend": 4; „zugedreht": 20 ohne ‚hatten' u.a.), schließlich eine Fülle von Klangfiguren (Geminatio mit Alliteration und Assonanz: „voll goldner federn, goldner funken": 15; „Verbreitet ... Verscheidend" 22/23).

Geschlossenheit des Gedichts

Alle inhaltlichen und sprachlichen Elemente bilden einen in sich geschlossenen kompositorischen Zusammenhang. Man kann nicht zu einzelnen Bildern jeweils den Bezug zu einer ‚Sachebene' herstellen (Vogel, Insel, Zimt, Öl und Edelsteine etc.), sondern das ganze Gedicht muss auf seinen Sinn hin befragt werden: Was hat der Tod des Vogels mit der Landung der Menschen auf seiner Insel zu tun? Denn der Dichter ‚verweigert' sozusagen ‚die Aussage', betrachtet seine Dichtung als ohne Zweck (‚l'art pour l'art'):

Der Dichter, verweigert die Aussage'

„In der dichtung – wie in aller kunst-betätigung – ist jeder der noch von der sucht ergriffen ist etwas ‚sagen' etwas ‚wirken' zu wollen nicht einmal wert in den vorhof der kunst einzutreten."
(Stefan George: Über Dichtung)

Vgl. die Personifikation der Poesie in der Figur des ‚Taugenichts' bei Eichendorff (s. S. 87)

Das Gedicht symbolisiert offenbar diese eigene Welt, die der Dichter sich mit Hilfe der Sprache gegenüber der zeitgenössischen Welt erbaut hat. Der Vogel mit der „süßen Stimme", der auf der Insel, der Welt der Poesie, lebt, ist der Dichter. Er möchte nicht mehr leben, wenn die Menschen in sein Reich eindringen. Denn er traut ihnen nicht zu, „Freunde des Gesanges" zu sein, wie es die Delphine sind (13/14). Es geht, ohne dass dies an irgendeiner Stelle explizit gemacht wird, um das Verhältnis des Künstlers zur Gesellschaft. Doch wird dieses Thema im Symbol der ‚reinen Dichtung' (‚poésie pure') gleichsam versteckt, ‚hermetisch' eingeschlossen.

Stefan George (1868–1933). Porträtfoto

10.5 Décadence

Die Symbolisten: Dichter des Verfalls

Thomas Mann setzt ein naturalistisches Thema fort: Verfall einer Familie

Wegen ihrer Vorliebe für das Hinfällige, Kranke, Verderbt-Schöne, aber auch wegen ihrer ausschweifenden Lebensweise (Drogen, Alkohol) hat man die Symbolisten, Baudelaire, Mallarmé, Verlaine, in Frankreich als Dichter des Verfalls (décadence) bezeichnet. In England rechnete man den Roman ‚Das Bildnis des Dorian Gray' von Oscar Wilde (1890) zur Dekadenzdichtung. In Deutschland hatte Thomas Mann – in ironischer, parodistischer Fortführung des bürgerlichen Realismus – in dem Roman ‚Buddenbrooks' (1901) das naturalistische Thema vom „Verfall einer Familie" fortgesetzt. Im Verlauf der Generationen hatten bei den Buddenbrooks künstlerische Begabung und Selbstreflexion auf Kosten der praktischen Lebenstüchtigkeit zugenommen. Hanno Buddenbrook, der jüngste Spross, hochmusikalisch, aber kränklich und lebensuntüchtig, zog eines Tages – zum Entsetzen seines Vaters – im Familienstammbaum einen Strich unter seinen Namen, weil danach nichts mehr komme. Er starb noch als Kind an Typhus. Die Zukunft gehört der gesunden, geschäftstüchtigen, aber amusischen Familie Hagenström.

‚Buddenbrooks' und ‚Der Untertan'

Während hier das Schicksal der Familie thematisiert ist, welche im Konkurrenzkampf verloren hat, und die aufsteigende Familie nur als Kontrast fungiert, hat Thomas Manns älterer Bruder Heinrich in seinem satirischen Roman ‚Der Untertan' (entstanden 1914) umgekehrt den Aufsteiger zur Hauptfigur gemacht, während ihm die untergehende Familie als Kontrast dient. Sie wird durch „den alten Buck" repräsentiert, einen Vertreter des liberalen Bürgertums der 1848er Generation.

Außenseitertum der Künstler

Ein charakteristisches Merkmal der Dekadenzdichter ist ihr Außenseitertum, d.h. ihre soziale Ablösung von der bürgerlichen Gesellschaft. Sie kann bis zur räumlichen Trennung gehen, sodass die Bohème, das „Künstlervölkchen", in bestimmten Stadtvierteln (Paris: Montparnasse, München: Schwabing) unter sich lebt.

Der Konflikt zwischen Bürger und Künstler als literarisches Thema

Der Konflikt zwischen den Lebensrollen als Künstler und als Bürger stand im Mittelpunkt des literarischen Schaffens von Thomas Mann in der Zeit zwischen 1900 und dem Ersten Weltkrieg. Er bildete auch das Hauptthema im Gespräch der beiden Brüder miteinander. Thomas hatte sich – schon durch seine Einheirat in das Großbürgertum 1905 – dafür entschieden, die beiden Rollen als Künstler und als Bürger in seiner Person zu vereinigen, während sein älterer Bruder Heinrich das Bürgertum verachtete und die Bohème als seinen Lebensraum ansah.

Thomas Mann hat seine Entscheidung in der Künstlernovelle ‚Tonio Kröger' (1903) begründet. Darin schildert er die Schwierigkeiten, die ein Schriftsteller, der sich kritisch mit der Welt auseinander setzt und auch in Selbstreflexion geübt ist, im Umgang mit Leuten hat, die über sich nicht nachdenken mögen.

Das eigentliche Problem dieser Doppelexistenz als Bürger und Künstler aber hat Thomas Mann erst in der Novelle ‚Der Tod in Venedig' (1911) gestaltet. Es geht in ihr um einen alternden Schriftsteller namens Aschenbach, der überarbeitet ist, in Venedig Erholung sucht, dort in homoerotischer Leidenschaft einem Jungen verfällt und an der Cholera stirbt. An dieser einfachen Fabel veranschaulicht der Dichter eine Psychologie des Künstlers, die auch heute ihre Gültigkeit noch nicht verloren hat. Er bedient sich dazu einer Symbolik, die er der berühmten Abhandlung ‚Die Geburt der Tragödie aus dem Geiste der Musik' (1872) von Friedrich Nietzsche entnommen hat. Dieser wendet die Symbolik zur Unterscheidung der Künste an:

Heinrich und Thomas Mann (um 1900)

Er unterscheidet grundsätzlich die Kunstwelt des *Traumes*, verkörpert durch den griechischen Gott *Apoll*, von der Kunstwelt des *Rausches*, deren mythischer Repräsentant *Dionysos* ist. Prototyp der apollinischen Kunst ist die *bildende Kunst*, Prototyp der dionysischen Kunst die *Musik*, also eine unbildliche Kunst. Der apollinische Künstler findet sich der Realität *gegenüber* und gestaltet sie in schönen Formen, der dionysische Künstler findet sich *mittendrin* in der Wirklichkeit und lässt sich mit Gefühl, Empfindung und Sinnlichkeit auf sie ein. Der apollinische Künstler lebt in Gewissheit seiner selbst und schafft in *maßvoller Begrenzung*, der dionysische gerät außer sich und *legt die Grenzen nieder*, die den Menschen vom Menschen und den Menschen von der Natur trennen. In der griechischen Tragödie seien die beiden Kunstwelten vereinigt, denn sie besteht aus der *darstellenden* dramatischen Handlung und der musikalischen Chorlyrik, die dem *Ausdruck* der Gefühle dient.

Oberfläche und Abgrund des Lebens

Erfahrung des Abgrunds und Interpretation der Erfahrung

Nach dieser Theorie schafft die objektivierende Kunst Apolls, wie sie Aschenbach in seinem Werk durch „adlige Reinheit, Einfachheit und Ebenmäßigkeit der Formgebung" verwirklicht, nur einen schönen Schein. Dieser stellt nur die Oberfläche der Dinge dar, unter der noch etwas Anderes liegt. Wenn der Mensch nun dieses Andere – wie Aschenbach in seiner homoerotischen Leidenschaft für Tadzio – entdeckt, kann ihn Schrecken oder auch Entzücken ergreifen. Er wird zutiefst aufgewühlt und erfährt den „Abgrund" des Lebens. Diese Erfahrung aber erklärt sich Aschenbach selbst mit den Begriffen der Ideenlehre Platons, also einer Philosophie, die nur zur Kunstwelt Apolls passt. Im Unterschied zu den Ideen des Guten und Wahren, die geistiger Natur sind, trete das Schöne sinnlich in Erscheinung.

Die Selbsttäuschung des bürgerlichen Künstlers

So kommt es zur Selbsttäuschung des bürgerlichen Künstlers. Aschenbach erlebt seinen (dionysischen) Rausch mit den Gedanken und Bildern der (apollinischen) Schönheitslehre Platons. Daher verwechselt er die Schönheit seiner literarischen Produktion mit der leibhaftigen Schönheit Tadzios. Er wollte ihn endlich ansprechen, verpasste jedoch den rechten Augenblick:

> Dieser Schritt, den zu tun er versäumte, er hätte sehr möglicherweise zum Guten, Leichten, Frohen, zu heilsamer Ernüchterung geführt. Allein es war wohl an dem, dass der Alternde die Ernüchterung nicht wollte, dass der Rausch ihm zu teuer war. Wer enträtselt Wesen und Gepräge des Künstlertums? Wer begreift die tiefe Instinktverschmelzung von Zucht und Zügellosigkeit, worin es beruht? Denn heilsame Ernüchterung nicht wollen zu können, ist Zügellosigkeit. Aschenbach war zur Selbstkritik nicht mehr aufgelegt … (4. Kap.)

Kunst ist stets apollinisch und dionysisch zugleich

Er erfährt hier, dass „Form und Unbefangenheit" durchaus zum „Rausch und zur Begierde" führen können, dass Kunst und Künstlertum immer apollinisch und dionysisch zugleich sind. Thomas Mann aber vermeidet es, selbst ein Opfer dieses Widerspruchs zu werden, indem er nur seine Kunstfigur Aschenbach in die tiefste Erniedrigung führt.

Das Gespräch zwischen den Brüdern Mann

Im Gespräch der Brüder vertritt Thomas jedoch die apollinische Kunstwelt gegen die dionysische, die Bohème, die im Bild vom „grünen Wagen der Zigeuner" verschlüsselt wird:

Heinrich:	Thomas:
Wenn vor dem Tor meiner Stadt Zigeuner aus ihrem grünen Wagen lugen, regt sich in mir etwas Brüderliches. (aus einem Brief)	Wir sind doch keine Zigeuner im grünen Wagen, sondern anständige Leute, Konsul Krögers, die Familie Kröger … (Tonio Kröger 1903, 1. Kap.)
In dem Roman ‚Die Jagd nach Liebe' (1903/4) fahren Akrobaten im grünen Wagen auf, und die Schauspielerin Ute fragt einen überheblichen Bürger, ob er denn glaube, etwas Besseres zu sein als die Leute im Wagen.	Der Meister …, der in so vorbildlich reiner Form dem Zigeunertum und der trüben Tiefe abgesagt, dem Abgrund die Sympathie gekündigt und das Verworfene verworfen hatte … (Der Tod in Venedig 1911, 5. Kap.)

Das von Nietzsche entwickelte Begriffspaar einer apollinischen und einer dionysischen Kunstwelt kann auch auf die Rezeption von Literatur angewandt werden:

Apollinische und dionysische Rezeption: Das Publikum im Theater und beim Popkonzert

Man vergleiche das apollinische Erlebnismuster eines bürgerlichen Theaterpublikums, das schweigend und konzentriert der Aufführung folgt, mit dem dionysischen Erlebnismuster der Zuhörer eines Popkonzerts, die als Kollektiv, mitsingend und sich bewegend, sich von der Musik berauschen lassen.

10.6 Expressionismus

‚Expressionismus' als Sammelbegriff der modernen Kunst um 1910

Zu dem Stilpluralismus zwischen 1900 und 1914 gehört auch die ‚Ausdruckskunst', der Expressionismus. Der Begriff ‚Expressionismus' wude zunächst als eine einprägsame Sammelbezeichnung für die gegen Naturalismus und Impressionismus gewandten Stiltendenzen verschiedener Gruppen von jungen Malern vor dem Ersten Weltkrieg verwendet. Dazu gehörten z. B. die Künstlervereinigung ‚Die Brücke' in Dresden 1905 (Nolde, Kirchner, Pechstein), die Gruppe ‚Les Fauves' (= die Wilden) in Paris 1905 (Matisse, Braque, Picasso) oder die Künstlergemeinschaft ‚Der blaue Reiter'

1911 in München (Kandinsky, Marc, Klee). Ihnen allen gemeinsam waren großflächige Kompositionen, sich verselbständigende Farben und abstrakte Konturen.

Widersprüchliches Lebensgefühl der jungen Expressionisten

Zu dem Berliner Dichterkreis, der den Begriff 1911 auf die Literatur übertrug, gehörte auch der Jurastudent Georg Heym. Er war 1887 in Schlesien geboren, 1900 nach Berlin gekommen und hinterließ, als er am 16. Januar 1912 auf der Havel bei Schwanenwerder ins Eis einbrach und ertrank, ein mehrbändiges poetisches Werk. In seinen Tagebuchnotizen äußert sich die gleiche Ambivalenz der Gefühle, wie sie für die Dichter des Jugendstils charakteristisch war, radikale Ablehnung der eigenen Kultur und Gesellschaft gepaart mit einem traumtänzerischen Aktionismus. Auch für seine dichtenden Altersgenossen, die schon im ersten Kriegsjahr den Tod fanden, Alfred Lichtenstein, Ernst Stadler, August Stramm u. a., war diese widersprüchliche Mentalität charakteristisch.

Erlebnis der Sinnleere und Unausgefülltheit, s. S. 44

Die Ablehnung der Welt, in der sie lebten, war bei den jungen Autoren des Expressionismus nicht durch Kritik an konkreten Missständen bedingt, sondern dadurch, dass sie die relative Stabilität der Verhältnisse als Sinnleere und Beziehungslosigkeit erlebten. So schreibt Georg Heym am 29. 9. 1909 in sein Tagebuch: „Ich weiß auch gewiß nicht, warum ich noch lebe. Ich meine, keine Zeit war bis auf den Tag so inhaltslos wie diese." Das gleiche Lebensgefühl drückt eine Tagebuchnotiz vom 15. 9. 1911 aus: „Mein Gott – ich ersticke noch mit meinem brachliegenden Enthusiasmus in dieser banalen Zeit."

Moderne Bewusstseinsverfassung („Erlebnis")
Sehnsucht nach Aktion, sei es Krieg oder Revolution

Das Gefühl der Monotonie, der Sinnlosigkeit des Daseins, Furcht vor der Übergewalt der modernen Zivilisation, wie sie sich in Heyms Gedichten äußern, sind Merkmale einer ‚modernen' Bewusstseinsverfassung, die die jungen Leute daran hinderte, eine Lebensperspektive zu entwickeln. Heym wünschte sich vielmehr aus der „banalen Zeit" seiner Gegenwart hinweg in eine heroische Epoche, in der Krieg oder Revolution Taten erfordern:

„Ich wäre mit einem Mal gesund, ein Gott, erlöst, wenn ich irgendwo eine Sturmglocke hörte, wenn ich die Menschen herumrennen sähe mit angstzerfetzten Gesichtern, wenn das Volk aufgestanden wäre, und eine Straße hell wäre von Pieken, Säbeln, begeisterten Gesichtern und aufgerissenen Hemden."
(Tagebucheintragung vom 15. 9. 1911)

Wunsch nach Erlebnisrausch

Eine pubertäre Unruhe zeigt sich hier, welche die ganze Welt in Trümmern sehen möchte, damit das Ich sich rauschhaft erleben kann.

Krieg als Alternative der bürgerlichen Langeweile

Heym wünschte sich nicht nur einen Krieg herbei, damit die Langeweile des bürgerlichen Daseins unterbrochen werde. Er sprach auch ganz konkret von möglichen Kriegsanlässen, z. B. einer Ermordung des Kaisers oder Zaren.

Emil Nolde: Prophet. Holzschnitt 1912

Vier Jahre nach dieser Tagebucheintragung wurde die Ermordung des österreichischen Thronfolgerpaares am 28. Juni 1914 in Sarajevo zum Anlass des Ersten Weltkriegs, der das bürgerliche Zeitalter Europas beendete.

Als 1911 mit der Marokkokrise ein Krieg zwischen den Großmächten auszubrechen drohte, entstand das zehnstrophige Gedicht ‚Der Krieg', den Heym als riesigen Dämon personifizierte:

Der Krieg als Städte vernichtender Dämon

Aufgestanden ist er, welcher lange schlief,
Aufgestanden unten aus Gewölben tief.
In der Dämmrung steht er, groß und unbekannt,
Und den Mond zerdrückt er in der schwarzen Hand.
(...)
Eine große Stadt versank in gelbem Rauch,
Warf sich lautlos in des Abgrunds Bauch.
Aber riesig über glühnden Trümmern steht,

Der in wilde Himmel dreimal seine Fackel dreht.
Über sturmzerfetzter Wolken Widerschein,
In des toten Dunkels kalten Wüstenein,
Dass er mit dem Brande weit die Nacht verdorr,
Pech und Feuer träufet unten auf Gomorrh.

Visionäre Vorahnungen der Kriege des 20. Jahrhunderts

Von der weiteren Geschichte des Jahrhunderts, das 1900 begonnen hatte, konnten die jungen Expressionisten nichts wissen. Dass Gott „auf Sodom und Gomorrha Schwefel und Pech regnen" ließ, hatte Heym in der Bibel gelesen (1. Mose 19,24) und sich das Bild ausgemalt. Doch der Leser von heute erhält den Eindruck, als seien hier schon die Massenverluste des Ersten und die verwüsteten Großstädte des Zweiten Weltkrieges visionär vorweggenommen. Er liest das Gedicht deshalb wie eine Prophezeiung der kommenden Schrecken des 20. Jahrhunderts.

Zusammenfassung: Ende des bürgerlichen Zeitalters

Merkmale der Literaturperiode zwischen 1900 und dem Kriegsanfang

1. Vielfalt der angebotenen Stilmuster als poetische Möglichkeiten, vom realistischen Erzählen (Thomas Mann) bis zur hermetischen Sprache im Gedicht (Stefan George). Die einzelnen Schriftsteller machen wechselnden Gebrauch von ihnen.
2. Breites Spektrum von Möglichkeiten im Verhältnis von Kunst und Leben – Extreme: Hohe Sensibilität für die Zeichen der Zeit (Expressionismus) ↔ Völlige Trennung der Kunst vom realen Leben (Symbolismus).
3. Enge Verbindung der Literatur mit den bildenden Künsten (Impressionismus, Expressionismus, Jugendstil).
4. Überwindung der Grenzen der ‚Nationalliteratur', Austausch mit den europäischen Literaturen (Französischer Symbolismus: George, dänischer Impressionismus: Rilke u. a.).
5. Bewusstsein, im Spätstadium einer untergehenden Kultur zu leben (Themen wie ‚Verfall einer Familie', ‚Langeweile in einer technischen Umwelt' u. a.).
6. Außenseitertum des Künstlers in einer Gesellschaft, die vor allem auf den praktischen Nutzen und den wirtschaftlichen Erfolg menschlicher Tätigkeit ausgerichtet ist (Thomas Mann: Künstlernovellen, Heinrich Mann: Lob der Bohème).
7. Ambivalenz der Gefühle zwischen Todesnähe und Drang zu einer radikalen Lebensreform (Vitalismus: Nietzsche, Wedekind).

Autoren und Werke

Stefan George (1868–1933): Der Herr der Insel (Gedicht 1895)
Georg Heym (1887–1912): Der Krieg (Gedicht 1911)
Heinrich Mann (1871–1950): Der Untertan (Roman 1914, ersch. 1918)
Thomas Mann (1875–1955): Buddenbrooks (Roman 1901), Tonio Kröger (Novelle 1903), Der Tod in Venedig (Novelle 1911)
Friedrich Nietzsche (1844–1900): Die Geburt der Tragödie aus dem Geiste der Musik (Essay 1872), Die Fröhliche Wissenschaft (Aphorismen 1887)
Rainer Maria Rilke (1875–1926): Der Panther (Gedicht 1903), Die Aufzeichnungen des Malte Laurids Brigge (Roman 1910)
Georg Trakl (1887–1914): In einem alten Garten (Gedicht 1906)
Frank Wedekind (1864–1918): Frühlings Erwachen. Eine Kindertragödie (Drama 1891)

Begriffe zur Erfassung der Merkmale

Apollinisch/Dionysisch (Griech. = „zu den Göttern Apoll oder Dionysos gehörig") : Begriffspaar, von Nietzsche zur Unterscheidung von bildender Kunst und Musik eingeführt, von Thomas Mann auf den Gegensatz von Formstrenge (Werk des Dichters) und Unmoral („Abgrund" des Lebens) übertragen.

Ästhetizismus (Griech. = Bevorzugung des sinnlich Schönen): Kunstanschauung, die vom Kunstwerk nur verlangt, dass es ‚schön' sein soll.

L'art pour l'art (Franz. = „Kunst für die Kunst"): Kunstanschauung, die vom Kunstwerk keine ‚Aussage' erwartet, d. h. ihm keinen Zweck zuordnet; in der Literatur die Auffassung von der ‚reinen Dichtung' (Franz. poésie pure).

Bohème (Franz., von ‚bohémien' = „Böhme, Zigeuner"): Unordentliche Lebenswelt der Künstler.

Décadence (Franz. = „Verfall"): Kulturelle Niedergangserscheinung sowohl als Inhalt der Literatur („Verfall einer Familie") wie im Lebensstil der Künstler (z. B. Drogenkonsum, sexuelle Libertinage).

Expressionismus (Lat. = „Ausdruckskunst"): Kunstrichtung, die den starken Ausdruck der Gefühle und inneren Erlebnisse des Künstlers zum Ziel hat, welche ein Gegenstand in ihm auslöst.

Fin de siècle (Franz. = „Jahrhundertende"): Pessimistisches Spätzeitbewusstsein und nervöse Überreiztheit bei Künstlern oder literarischen Figuren.

hermetisch (Griech. = nach der Art des hellenistischen Gottes Hermes Trismegistos, der die Geheimwissenschaften Magie und Alchimie unter sich hat): geheimnisvoll, den gewöhnlichen Menschen verschlossen.

Impressionismus (Lat. = „Eindruckskunst"): Kunstrichtung, welche genaue Wiedergabe des subjektiven Eindrucks zum Ziel hat, den der Künstler durch intensive Beobachtung eines Gegenstandes gewinnt.

Jugendstil (Stil, der von der Kulturzeitschrift ‚Jugend' ausgeht): Kunstrichtung, die zum Ziel hat, an die Stelle des pessimistischen Spätzeitbewusstseins einen gesunden Lebenswillen zu setzen und einen kulturellen Neubeginn zu wagen (Vitalismus). Alle Künste sollen zusammenwirken, um der Ausstattung des Alltags (Haus, Möbel, Gebrauchsgegenstände usw.) Schönheit und Eleganz zu verleihen.

Symbolismus (Griech. = „Kunst der Geheimzeichen"): Kunstrichtung, die in den Erscheinungen Sinnbilder verborgener Ideen und Zusammenhänge erkennen will, die nur Ausgewählten in sprachlicher Gestaltung zugänglich gemacht werden können.

Register

Autoren und Werke

Stichwortverzeichnis

Text- und Bildnachweis

Texte:

S. 138ff.: Gerhart Hauptmann: Die Weber (Textauszug). Gesammelte Werke. Dramen. Propyläen, Berlin 1967
S. 164: Stefan George: Der Herr der Insel. Aus: Ders.: Sämtliche Werke in 18 Bänden. Hrsg. von der Stefan George-Stiftung, Stuttgart. Band 3: Die Bücher der Hirten- und Preisgedichte. Der Sagen und Sänge der Hängenden Gärten. Bearb. von Ute Oelmann. Klett-Cotta, Stuttgart 1991
S. 168: Thomas Mann: Der Tod in Venedig. Frankfurt/Main 1911

Abbildungen:

S. 7: Walther von der Vogelweide. Große Heidelberger Liederhandschrift (Codex Manesse). Um 1310. AKG, Berlin – S. 11: Claude Paradin: Dévises héroiques. Lyon 1551. Harenberg Verlag, Dortmund – S. 13: Historisches Bildarchiv Lolo Handke, Berneck – S. 18: Picture- Alliance, AKG, Frankfurt/M. – S. 23: Illustration zu Lessings „Nathan der Weise" aus dem Erstdruck 1779. Verlag Philipp Reclam jun., Ditzingen – S. 36: Schiller-Nationalmuseum, Marbach – S. 37: Schiller-Nationalmuseum, Marbach – S. 39: Heinrich Gloël: Goethes Wetzlarer Zeit. Bilder aus der Reichkammergerichts- und Wertherstadt. Berlin 1911 – S. 42: Stiftung Weimarer Klassik, Weimar – S. 50 links: Schiller-Nationalmuseum, Marbach – S. 50 rechts: Österreichische Nationalbibliothek, Wien – S. 55: Alfred Kröner Verlag, Stuttgart – S. 59: Goethe-Schiller-Denkmal von 1857 in Weimar. BPK, Berlin – S. 61: Stiftung Weimarer Klassik, Weimar – S. 76: Staatsgalerie Stuttgart – S. 81: Achim von Arnim/Clemens Brentano: „Des Knaben Wunderhorn". Alte deutsche Lieder. Titelkupfer des II. Bandes. 1808. Schiller-Nationalmuseum, Marbach – S. 93: Museum Georg Schäfer, Schweinfurt – S. 97 oben: Verlag Philipp Reclam jun., Ditzingen – S. 97 unten: BPK, Berlin – S. 98 links: Verlag Philipp Reclam jun., Ditzingen – S. 98 rechts: Schiller-Nationalmuseum, Marbach – S. 103: AKG, Berlin – S. 116: ullstein bild, Berlin – S. 121 oben: BPK, Berlin – S. 121 unten: BPK, Berlin – S. 132 oben: Verlag Philipp Reclam jun., Ditzingen – S. 132 Mitte: Theodor-Storm-Gesellschaft, Husum – S. 132 unten: Schreiber Verlag, Stuttgart – S. 133 oben: Verlag Philipp Reclam jun., Ditzingen – S. 137: Carl Wilhelm Hübner: Die schlesischen Weber. 1844. Kunstmuseum Düsseldorf im Ehrenhof, Düsseldorf – S. 151: Schiller-Nationalmuseum, Marbach – S. 152: AKG, Berlin – S. 153: Verlag Philipp Reclam jun., Ditzingen – S. 157: S. Fischer Verlag, Frankfurt/M. – S. 161 oben: Wandzierschale. Porzellan. Entw. Paul Helmig. Meißen 1898 – S. 161 unten: Vase. Ludwig Tischler – S. 163: Schiller-Nationalmuseum, Marbach – S. 165: Klett-Cotta Verlag, Stuttgart – S. 167: ullstein bild, Berlin – S. 171: Bridgeman Art Library London © Museum of Fine Arts, Houston, Texas, USA